インプレスR&D [NextPublishing] 　New Thinking and New Ways　E-Book / Print Book

水泳水中運動のカラクリとその指導

科学的エビデンスにもとづくティーチングメソッド

合屋 十四秋 著

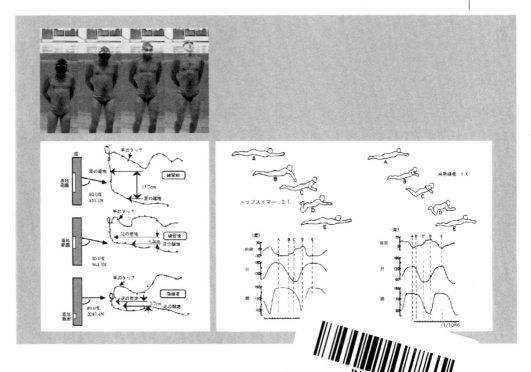

水泳教材の指導と
研究成果のドッキング！

はじめに

　水泳は学習することで初めて泳げるようになる。つまり、必ず誰かに教えてもらわないと泳げないのである。この点、歩く、走ることとは違う。これらは、ある一定の年齢になれば、教わらなくても必ずできるようになる。

　本書は、著者が40年近くにわたって主に教員養成大学で行った、体育・スポーツ科学専攻および小学校教材研究授業（体育が専門ではない学生対象）での指導実践と、それに関わる水泳水中運動の研究成果（動きのカラクリ）との2つを組み合わせて書き下ろした指導書でもあり、科学的エビデンス（Scientific Tips）でもある。

　特徴としては、おおよそ次の通りである。

1) 初心者から中上級者、指導者向けの技術解説書でもあり、指導書でもある。
2) 泳ぐ技術の説明と科学的エビデンス（Scientific Tips）とをドッキングさせている。
3) ステップ・バイ・ステップの積み上げ方式ドリルで、自由自在に楽しくスマートに泳ぐことを目指している。
4) ただ単に水面を平行に泳ぐのではなく、3次元的な動きの水泳水中運動を考える。
5) 水泳水中運動の幅広さ、楽しさ、おもしろさを学び、教えることをシェアする。

　近年、水辺のアウトドアスポーツが盛んになり、Open water（プール以外の海、川、湖など）での活動が多様になってきている。スキンダイビング、スクーバダイビング、ボードセイリング、スタンドアップパドルサーフィン、カヌー、ボート、ヨット、サーフィンなどのスポーツや、海や川などでの魚釣り、磯遊びなどと、Water Front（水辺）での活動が意外と多いことに気づかされる。これらの活動を安全に、かつ楽しくやるためには、最低限のルールやマナーを守り、なおかつ、自己保全能力として「溺れないこと」や「ある一定の水泳水中保全能力：Aquatic readiness」を身につけることも大切である。プールで泳げることと同時に、水辺、水中、水上で自分の命は自分で守るためにも、本書が少しでも役に立てればと願って止まない。

2018年12月　筆者

目次

はじめに …………………………………………………………………………… 3

第1章　泳ぐ前に知っておきたいこと ………………………………………… 7
　1-1　人はなぜ泳ぐのか？ ……………………………………………………… 7
　1-2　Scientific Tips 1：人はどのくらい速く泳げるか？（執筆：坂口結子）………… 9
　1-3　水泳水中運動は幅広い ………………………………………………… 13
　1-4　ほんとうに泳げるために ……………………………………………… 16
　1-5　Scientific Tips 2：水中安全文化の構築 ……………………………… 18
　1-6　競泳指導と泳力指導との違いは？ …………………………………… 26
　1-7　バディシステム（相棒：安全確認と仲間作り）…………………… 27

第2章　水中への第1歩 ………………………………………………………… 30
　2-1　水泳水中運動の楽しさ ………………………………………………… 30
　2-2　Scientific Tips 3：人は浮くか？　沈むか？ ………………………… 35
　2-3　Scientific Tips 4：浮き続けるためのテクニック ………………… 36
　2-4　自分の命は自分で守る「サバイバルフローティング」…………… 38

第3章　泳ぎへの第1歩「けのび」…………………………………………… 40
　3-1　けのびのスピードは世界新記録？ …………………………………… 40
　3-2　Scientific Tips 5：けのびの研究からわかること ………………… 41
　3-3　3次元的な動きを楽しむシンクロもどき …………………………… 44
　3-4　エキサイティングボールゲーム：水球もどき ……………………… 47

第4章　よりスマートに、より楽に泳ぐには ……………………………… 51
　4-1　どの泳ぎの種目から学ぶか？　教えるか？ ………………………… 51
　4-2　呼吸法が先か？　泳ぎ方が先か？ …………………………………… 52
　4-3　実際の指導現場では何をどの順番で教えているか？ ……………… 52
　4-4　楽に進むこと＋すぐ呼吸ができること＋すぐに泳げること ……… 53
　4-5　背浮きからエレメンタリーバックストロークへ ………………… 53
　4-6　Scientific Tips 6：背泳ぎの動作発達 ……………………………… 58
　4-7　1時間で覚える背泳ぎのドリル ……………………………………… 62
　4-8　Scientific Tips 7：背泳ぎのターン ………………………………… 68

第5章　より速くよりスムーズに泳ぐ：スマートなクロール ……………………………… 72

5-1　進むことに重点を置いたクロール泳へ ………………………………………………… 72

5-2　Scientific Tips 8：クロールの動作発達 ……………………………………………… 76

5-3　Scientific Tips 9：クロールのターン ………………………………………………… 79

5-4　1時間で覚えるクロールのドリル ……………………………………………………… 82

5-5　Scientific Tips 10：危ないスタート・安全なスタート …………………………… 83

第6章　リズムとタイミングのバタフライ ………………………………………………… 88

6-1　1時間で覚えるバタフライ …………………………………………………………… 88

6-2　Scientific Tips 11：バタフライ泳法の登場（執筆：坂口結子）………………… 90

第7章　平泳ぎ：手のかき足のけりのタイミングは？ …………………………………… 93

7-1　平泳ぎの泳法の基本 ……………………………………………………………………… 93

7-2　Scientific Tips 12：平泳ぎの動作発達 ……………………………………………… 95

7-3　1時間で覚える平泳ぎのドリル ……………………………………………………… 99

7-4　Scientific Tips 13：平泳ぎのターン ………………………………………………… 102

第8章　続けて長く上手に泳ぐ ……………………………………………………………… 105

8-1　水泳は何歳から始めるとよいか？ …………………………………………………… 105

8-2　時間泳でシェイプアップ ……………………………………………………………… 106

8-3　Scientific Tips 14：時間泳と距離泳、何が違うか？ …………………………… 109

8-4　Scientific Tips 15：水泳運動はどれほどきついか？ …………………………… 110

8-5　Scientific Tips 16：泳ぐ速さを自分の感覚で調節できるか？ ………………… 113

著者紹介 ………………………………………………………………………………………… 117

第1章　泳ぐ前に知っておきたいこと

1-1　人はなぜ泳ぐのか？

　人が水中に入っていた例としては、古代から漁労が生活の一部であったことや、浮き袋が移動手段として使われていたことにより知られている。近年、体育・スポーツ活動および健康の保持、増進のために、水泳水中運動は私たちの生活の一部となったり、豊かな日常生活の楽しみになったりしている。わが国では水泳が学校体育に取り上げられるようになったのは、1955年の紫雲丸沈没事故および津市海岸集団水難事故による教訓からと言われている。多くの児童、生徒が水難事故によって尊い命を失ったことが国会で取り上げられ、溺れないための水泳教育を学校体育の中で強化すべく、学校プールの設置率の向上につながった（Matsui, et al., 2012）。また、1964年の東京オリンピック開催に向けての施策「スポーツ振興法（1961年）」と相まったこともそれに影響を与えている。さらに、文部省と日本水泳連盟が全国各地で水泳指導者研修を開催し、教員養成大学の指導能力向上が図られた。この流れを受けて1989年、学習指導要領に「水泳」が主領域に加えられ、学校水泳教育の基盤が整えられた（土居、2009）。世界に例を見ない公立学校プールの設置率（図1-1）は、小学校が86.7％、中学校が73.0％、高等学校が64.5％（総務省調査、2009年）となっており、水泳指導が学校現場で広く行き渡っていることを裏づけている。その結果の1つとして、2008年には水難事故死者数は829名に低下し（1955年前後の10分の1）、一定の成果を上げていることがわかる。しかし現在、施設の老朽化や小学校教員採用試験で水泳実技の廃止が続出し、学校水泳授業が低調になっているのが現状である。

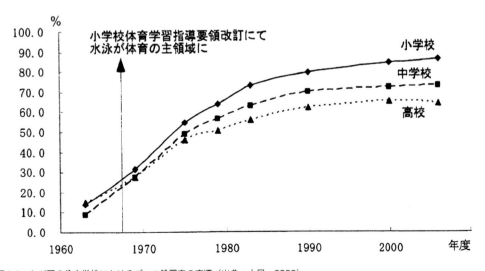

図1-1　わが国の公立学校におけるプール設置率の変遷（出典：土居、2009）

嘉納治五郎が説いた「游泳の心得」、つまり「游」は水の上を泳ぐこと、「泳」は水の中を泳ぐことであり、人工的に規格化されたプール環境だけでなく、自然水域での活動を前提としていた生活の中の水泳を意味していた（真田ほか、2007）。それは、水泳の本来の目的の1つである「溺れない」または「自分の命は自分で守る方法を身につけておくこと」の大切さである。これは、学校体育だけでなく、私たちの生活の一部として水環境に接することがある以上、その対処の仕方や、知識、技術、行動規範（Water Safety Literacy; Stallman, 2011）などを教え、身につけさせる必要がある。東京オリンピック以来、公営および民間のインドアプールが全国各地に建設され、水泳が国民的なスポーツとしてポピュラーになってきている。また、子どもや青少年、大人、中高年のあらゆる年齢層にまで拡大し、やってみたいスポーツの上位を占めるまでになっている。また、最近では、水辺のアウトドアスポーツが盛んになり、Open water（プール以外の海、川、湖など）での活動が非常に多様になった。スキンダイビング、スクーバダイビング、ボードセイリング、スタンドアップパドルサーフィン、カヌー、ボート、ヨット、サーフィンなどのスポーツや、海や川などでの魚釣り、磯遊びなどと、Water Front（水辺）での活動が意外と多いことに気づかされる。プールとは違って、自然の中の水の条件は千変万化であり、流れ、深さ、波の大きさなどの変化が一様でなく、リスクマネージメントのレベルが高いことを認識しなければならない。これらの活動を安全に、かつ楽しく行うためには最低限のルールやマナーを守り、なおかつ、自己保全能力として「溺れないこと」や「ある一定の水泳水中保全能力：Aquatic readiness」[1]を身につけることが大切である。例えば、「ほんとうに泳げるとは？」に関して、いったいどのような内容であるかを明確にしておく必要がある。これらのOpen Water Activity（水辺野外活動）に応じた水泳能力として、少なくとも400mの可泳能力と10分間の浮標能力（日高、2008）などを具体的な基準としてもおかしくない。プールで泳げることと同時に、水辺、水中、水上で自分の命は自分で守るための水泳能力を高めることが現代の体育・スポーツで必要とされている。

　水泳は本来、生得的な能力ではなく、学習することによって初めて獲得できる後天的な能力であるため、必ず教えてもらわなければ習得できない運動である。学校体育だけでなく、それに加えて全国各地にあるインドアプールでの水泳指導を受ける機会を相乗的に増やすことが、国民のスポーツ・健康保持増進や安全で安心できるOpen Water Activityにつながっていくと思われる。そのための学校水泳および指導者養成や研修、講習会、水泳教室などによって、あらゆる年齢層の水泳水中保全能力のさらなる充実が求められている。当然のことながら、水泳は「教える」人がいなければ、その技術や知識、行動規範を身につけることはできない。水泳水中運動を学びたい人たち、教える立場にある人たちにとっては、「人はなぜ泳ぐ必要があるか」を実践を通して考え、この豊かな日本の水環境の中で安全に行動し、その水環境を有効活用する方策を探るべきであろう。

---

1. アクアティックレディネス：水泳水中保全能力、筆者訳。

1-2　Scientific Tips 1：人はどのくらい速く泳げるか？（執筆：坂口結子）

1-2-1　世界新記録と日本新記録の変遷

　人間はどこまで速く泳げるようになれるのか。そんな疑問は、誰かが、日本新記録、世界新記録を出すたびに、誰もが思う疑問である。まず、オリンピックでの競泳競技におけるオリンピックの歴史で、一番古くから行われている100m自由形種目の世界新記録と日本新記録との変遷を図1-2、図1-3に示した。

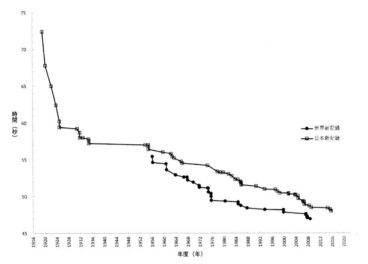

図1-2　男子100m自由形における世界新記録および日本新記録の変遷（出典：スイミング・マガジン、2014年1月号、5月号より筆者作成）

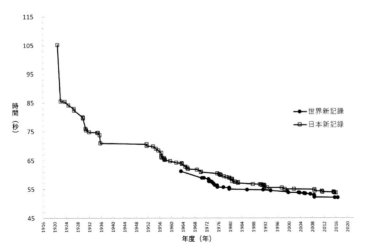

図1-3　女子100m自由形における世界新記録および日本新記録の変遷（出典：スイミング・マガジン、2014年1月号、5月号より筆者作成）

　男子自由形の日本新記録を例にあげると、現在わかっている最古の日本新記録と現在の日本

第1章　泳ぐ前に知っておきたいこと　9

新記録では約24秒も速くなっている。人類はこんなにもタイムを縮め、進化してきていることがわかる。では次に、今日における世界新記録と日本新記録とのタイムおよび樹立日を表1-1、表1-2に示した。

表1-1　世界新記録・日本新記録におけるタイムおよび樹立日一覧表（男子）（2017年11月17日現在、筆者作成）

| | 男子 | | | |
| | 世界新記録 | | 日本新記録 | |
	記録	樹立日	記録	樹立日
50m自由形	20.91	2009年12月18日	21.88	2014年4月13日
100m自由形	46.91	2009年7月30日	47.99	2016年8月7日
200m自由形	1:42.00	2009年7月28日	1:45.23	2014年9月21日
400m自由形	3:40.07	2009年7月26日	3:43.90	2014年4月12日
1500m自由形	14:31.02	2012年8月4日	14:54.80	2014年6月20日
100m背泳ぎ	51.85	2016年8月13日	52.24	2009年9月5日
200m背泳ぎ	1:51.92	2009年7月31日	1:52.51	2009年7月31日
100m平泳ぎ	57.13	2016年8月7日	58.90	2012年4月3日
200m平泳ぎ	2:06.67	2017年1月29日	2:06.67	2017年1月29日
100mバタフライ	49.82	2009年8月1日	51.00	2009年9月11日
200mバタフライ	1:51.51	2009年7月29日	1:52.97	2008年8月13日
200m個人メドレー	1:54.00	2011年7月28日	1:55.07	2016年4月9日
400m個人メドレー	4:03.84	2008年8月10日	4:06.05	2016年8月6日
2009年以前の記録	8種目		4種目	

表1-2　世界新記録・日本新記録におけるタイムおよび樹立日一覧表（女子）（2017年11月17日現在、筆者作成）

| | 女子 | | | |
| | 世界新記録 | | 日本新記録 | |
	記録	樹立日	記録	樹立日
50m自由形	23.67	2017年7月29日	24.33	2017年9月16日
100m自由形	51.71	2017年7月23日	53.68	2016年11月17日
200m自由形	1:52.98	2009年7月29日	1:56.33	2017年1月28日
400m自由形	3:56.46	2016年8月7日	4:05.19	2007年3月25日
1500m自由形	8:04.79	2016年8月12日	8:23.68	2004年4月23日
100m背泳ぎ	58.10	2017年7月25日	58.70	2013年8月4日
200m背泳ぎ	2:04.06	2012年8月3日	2:07.13	2008年8月16日
100m平泳ぎ	1:04.13	2017年7月25日	1:05.88	2014年6月19日
200m平泳ぎ	2:19.11	2013年8月1日	2:19.65	2016年4月9日
100mバタフライ	55.48	2016年8月7日	56.86	2016年8月7日
200mバタフライ	2:01.81	2009年10月21日	2:04.69	2012年4月5日
200m個人メドレー	2:06.12	2015年8月3日	2:07.91	2017年7月24日
400m個人メドレー	4:26.36	2016年8月6日	4:31.42	2017年4月14日
2009年以前の記録	2種目		3種目	

2016年・2017年に更新された新記録が多い中、2008年・2009年の新記録も多く残っていることがわかる。では、なぜ2008年・2009年の新記録が多くの残っているのかを考えてみたい。

　再度、図1-2、図1-3を見てみると、男子世界新記録は2009年以降、更新されておらず、男子日本新記録・女子世界新記録においても2009年度以降、更新が滞っていた時期があることがわかる。また、表1-1、表1-2で示した世界新記録・日本新記録の更新日一覧を見ても、2009年以前の新記録は女子では更新されてきているが、男子世界新記録では、いまだに13種目中8種目が更新されないままである。いったい、2008年・2009年に何が起こったのか。実は、競泳界の歴史に残る大きな出来事があった。それは、世界を震撼させた「高速水着の登場」であった。

1-2-2　高速水着の登場

　競泳競技では、水着と記録更新は切っても切り離せない関係である。時代を少し巻き戻して、水着の歴史から述べる。1936年、ベルリン五輪で使用された競泳用の水着は、絹でできていた。その後、綿へと改良され、さらに化学繊維で伸縮性のある素材が開発されていった。1964年の東京五輪では、女子水着のウエスト部分に切り替えを入れるなど、デザイン面でも改良が進み、身体にぴったりフィットするよう開発された。しかし、前部にスカート部分があることや、胸のあたりが一番水の抵抗を受けやすいにもかかわらず、その部分に大きな日の丸マークが縫いつけてあることなど、抵抗削減の面では不十分な水着であった。その後、1996年のアトランタ五輪まで、低抵抗の素材、大腿部のカッティングはハイレグ、背中の空間の拡大、さらに、脚や肩関節が動かしやすく、水着の中に水がたまらないよう開発されていった（松崎、2002）。加えて、男女ともに2000年のロンドン五輪・2004年のアテネ五輪に向けて、身体へのフィット性を向上させ、全身を覆い、筋肉の凹凸や振動を減らすフルスーツへの水着へと改良された。

1-2-3　水着と記録と競技ルールとの関係

　2008年の北京五輪では、なんと世界新記録が25種目も更新された。この驚異的な世界新記録更新の裏には「高速水着」の存在があった。2008年の五輪前、英Speedo社は「LZR Racer（レーザーレーサー：写真1-1）」を発表した。この水着は2004年の水着に比べ約30％軽量化され、着圧を約15％増加し、安定感と着圧感を与えるよう作られた。また、素材の表面を特殊加工し、通常の仕上げに比べ、より確実で安定した撥水性と速乾性を追求した。さらに、「レーザーパネル」という水を透過しないポリウレタン素材が、胸・腹・腰・太ももなどの身体の凸部分を押さえつけ、身体の凹凸を減らす加工が施された（城島ら、2011）。北京五輪で更新された世界記録のうち23種目が、このレーザーレーサー着用で更新された。ただし、この水着は伸縮性がなく、選手は手伝ってもらわないと着用することが難しく、着用には30分程度要する選手もいたほどであった。

　さて、日本国内はというと、2008年まで（公財）日本水泳連盟は選手への提供水着として国内三社と契約を交わし、選手は日本代表として出場する大会では三社以外の水着を着用することはできなかった。英Speedo社はこの国内三社には該当せず、よって、選手は五輪でレーザー

写真1-1　英Speedo社「LZR Racer（レーザーレーサー）」（写真提供：ゴールドウィン）

レーザーを着用できない規定となっていた。これは「水着問題」と称され、多くの報道がなされた。しかしながら、選手からは「レーザーレーサーを着たい」という要望が多かった。結果に結びつく可能性が高いという結論から（公財）日本水泳連盟は、北京五輪において契約三社以外にレーザーレーサーの着用を認めた。これによって、日本代表選手の水着選択に関する自由化が進んだ。北京五輪では、北島康介選手がこのレーザーレーサーを着用し、2種目で2連覇という偉業を達成した。

　レーザーレーサーの発表に端を発し、水着開発は一気に進んだ。2009年には多くの会社からラバーを利用した水着が発表され、2009年、ローマ世界選手権では世界新記録が38個も更新された。しかしながら、国際水泳連盟（FINA）は選手の能力以上に水着の影響が大きく、競泳競技の本質から外れていく可能性があることから、水着に関する規定を2010年1月1日より改定した。2010年以降は、レーザーレーサーやラバー水着のような「高速水着」と言われた水着の着用は禁止された。禁止を受け、「今後、2008年・2009年に更新された世界新記録・日本新記録は、長い間更新することはできないだろう」と言われてきた。現在、男子世界新記録ではまだ更新されていない種目があるものの、多くの種目は塗り替えられてきている。人間の能力の進化は、科学の進歩をも上回ることを証明できるのであろうか。今後、競泳の記録がどこまで伸びていくのかは、非常に興味のあることではある。はたして人類はどこまでチャレンジするのか。

1-2-4　スタート台の進化——マイナーチェンジ

　進化しているのは、人間の能力や身につける水着の科学技術だけではない。競泳における唯一の陸上動作が行われるスタート台も進化を遂げている。2007年度までは、国際水泳連盟（FINA）は施設規則（当時、FR2.7）において、スタート台の台座の前傾角度は10度以下と定められており、特に決められていたわけではなかった（写真1-2）。そのため、現在の（公財）日本水泳連盟は、日本国内での主要大会はスタート台傾斜角度を7.5度に設定し、大会を開催していた。しかし、2008年ごろから主要国際大会において、スタート台傾斜角度を10.0度と設定する大会が増え、2008年より日本国内大会でも10.0度が採用された。よって、前傾姿勢をとれることになり、飛び出しの速度が増加した（武田ら、2009）。

写真1-2　従来のスタート台（筆者撮影）

1-2-5　羽がついたスタート台

　2010年、国際水泳連盟（FINA）は施設規定を変更し、バックプレートつきスタート台（写真1-3）を採用することとした。同年から国内主要大会でも採用された。研究においても、従来のスタート台（写真1-2）からのスタートに比べ、さらに飛び出し速度が増加することが明らかとなり（尾関ら、2014）、多くのスイミングスクールや公共のプールに設置された。しかしながら、飛び出し速度が速いことから、スタートに失敗し、プール底に衝突する事故も多発し、2013年には（公財）日本水泳連盟より「バックプレート付きスタート台に関わる科学的知見と提言」が発表されたほどであった。

写真1-3　バックプレートつきスタート台（筆者撮影）

1-2-6　背泳ぎのスタート台

　スタート台の進化はその後、背泳ぎにも及んでいる。2016年にはバックストロークレッジという背泳ぎ用のスタート補助具が採用となった。国内主要大会でも採用されているが、バックプレートつきスタート台にさらに付属するため、安価ではなく、スイミングスクール等ではまだ普及していないのが現状である。とは言え、これらの設備の進化も記録更新へ拍車をかける一要因となり得るだろう。設備および用具の進化と記録の更新にも注目したい。

1-3　水泳水中運動は幅広い

　水泳水中運動を構成するにあたっては、その運動の特性を十分理解することが重要であることは言うまでもない。しかし、得てして「水泳の授業＝泳法技術の習得」の一点に集中する傾

向にある。ここでは、初心者レベルに焦点を合わせた「導入モデル」、水泳運動の幅広さを経験させる中級者レベルの「展開モデル」、課題解決学習を目指し、相互コミュニケーションの手段として内容を深める「応用・発展モデル」について考えてみる。

1-3-1 水泳水中運動の特性

以下に水泳水中運動の特性、すなわち他の運動には見られない水泳独自の特徴をいくつか紹介する。

1) 陸上の運動と決定的に違う点は、年齢、性別にかかわらず、水泳は「学習すれば必ずその技能は獲得できる」。
2) 生涯スポーツとして適している。
   中高年になって始めた人と幼児のように低年齢で始めても、初心者としてはまったく同じであるが、学習すればその能力は飛躍的に向上する。
3) 活動様式が豊富である。
   水泳運動はただ単に競泳のみではなく、水球（写真1-4）、シンクロ、高飛び込み、オープンウォーターなどの競技があり、水中ウォーキング＆エクササイズ、スクーバダイビング、サーフィン（写真1-5）、ボードセイリング、ヨット、カヌー（写真1-6）、ブイレスキュー（写真1-7）、スキンダイビング（写真1-8）など多岐にわたる活動もある。

写真1-4　水球はおもしろい（筆者撮影）

写真1-5　サーフィンの練習（筆者撮影）

写真1-6　カヌーの練習（筆者撮影）

写真1-7　ブイレスキューの練習（筆者撮影）

写真1-8　スキンダイビング（筆者撮影）

4）水の物理的特性に左右される。

　水中では浮力の働きによって膝や腰に衝撃がかからないため、中高年者のエクササイズ（水中ウォーキング）として最適な運動となりつつある。逆に、水抵抗を利用して適切な運動

負荷を課すウォーターエアロビクスなども幅広い年齢層に支持されている。

5) バランスのとれた全身運動である。

泳ぐ運動は上肢および下肢の全身の関節や筋肉を動かす。したがって、有酸素的運動および呼吸循環器系の機能保全にとって最適であり、健康の保持増進に貢献できる。

6) 自己保全能力が開発できる。

私たちの身のまわりには、水難に遭遇する危険性が潜んでいる。したがって、もし、不意に自分の身のまわりにこのような事態が起きたときに適切に対処し、自分の命は自分で守れるくらいの能力を身につけなければならない。また、他人を救助する手立てや方法も習得しておく必要もある。

2011年度の学習指導要領では、「日常生活や生涯を通して健康、安全」に活力ある日々を送るための基礎となる能力を身につけることを目標としている。では「生活の中の水泳」とは、どのように捉えればいいのだろうか。その参考となる例を、諸外国の水泳指導内容、特に泳げることと、溺れないこととの関係から探ってみたいと思う。

1-4　ほんとうに泳げるために

1-4-1　泳げることと溺れないこと

Stallmanら（2008）は溺れる原因を探ることによって、子どもたちに何をどのように教えるべきかがわかると指摘している。すなわち、溺れることの背景には水泳に対する基本的な技術、知識、行動規範の欠如によるところが大きい。「ほんとうに泳げるとは？」をどのような基準で判断しているのか。わが国ではいまだに、どの泳法種目から教えるべきかの方法論にとどまっていると思われる（合屋ら、2011）。

日本での水難事故死者数は242人であり、行為別では、魚とり・釣りが23.6％、水遊びが22.7％、場所別では海や河川が78.6％となっている。しかし、プールでの溺死は皆無の0.0％であり、海や河川・湖沼などのOpen Waterでの水難事故がほとんど（94.6％）である（警察庁生活安全局地域課統計情報2018[2]）。

ホワイティング（1971）は、「泳げる」とは水中に不意に落ちたとき、うまく対応できるかどうかの能力であると規定している。また、イギリスでの調査では、溺れた者の40％は水深2m以内、60％は水深3m以内であったと紹介している。つまり、溺れるのは身長よりわずかに深く、足先が届くか届かないくらいの浅い水深で発生している。このことから、水泳水中運動のねらいはフォームをよくすることと、サバイバルテクニックの習得を兼ね備えることが大切である。水泳の練習は屋内で行われることが多いが、溺れるのは屋外がほとんどである。正しいフォームで泳ぐことも大切であるが、私たちの身のまわりやプール以外の水辺でのさまざまな

2.https://www.npa.go.jp/publications/statistics/safetylife/chiiki/2018kaki_suinann.pdf

活動中に、溺れないための知識や技術を身につける必要がある。

1-4-2　ほんとうに泳げるとは

「ほんとうに泳げる」とは、いったいどのような基準なのだろうか。一般に「あなたはどのくらい泳げますか？」という質問には「5m泳げる」、「10m泳げる」、「25m泳げる」など泳げる距離で答えることが多い。日高（2008）は、これを、浮くことができる（浮標能力）、進むことができる（距離泳能力）、速く泳げる（速泳能力）、潜ることができる（潜水能力）、水中に飛び込める（飛び込み能力）、自由に移動ができる（水中自在能力）などに分類している。また、一般成人男女29923名を対象にどのくらい泳げたら「泳げる」と判断するかを調査した結果、男性では100m、女性では50mであったと報告している。さらに、小学生男女875名を対象に可泳距離（500mを上限）と浮標能力（10分を上限）を測定した結果、400m以上泳げた者は、例外なく10分間の浮標ができたと報告している（図1-4）。

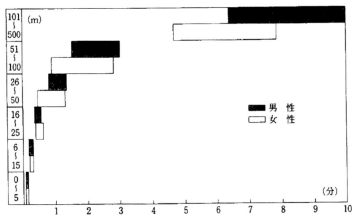

図1-4　小学生男女の浮標能力と可泳能力との関係（出典：日高、2008）

　これは、400m以上泳げれば、足をプールの底に着かないで10分間浮いていられることになる。また、可泳能力と潜行能力および速泳能力との関係を見てみると、長く泳げる者は速く泳げるし、長く潜行できることが証明されている。400m以上泳げることが「ほんとうに泳げること」の1つの基準と言えるかもしれない。初歩的段階では200mの可泳能力と5分間の浮標能力があれば、ある程度の自己保全能力を持つと提言している（日高、2008）。同様に、だるま浮きから浮き沈みを繰り返して5分以上呼吸を続ける（浮沈力）ことができれば、200m以上泳げるようになるとの報告もある（鈴木、2015）。

　一方、アメリカの大学の水泳の授業では、初心者を対象として手足を使わないで8時間浮き続ける課題を与えた結果、57名中16名（30％弱）が達成できたと報告されている（ラヌー、1969）。また、ノルウェーではStallmanら（2008）が、水中安全の3原則、すなわちWater Safety Literacy（技術、知識、行動規範）から8つの基本技術を抽出し、20段階のステップをAquatic Readiness（水泳水中保全能力）として規定し、その実践を推し進めている。このように、広く

自然を含めた水環境のリスクマネージメントとしての総合的対策が、広く個人や団体に継続的に慣行され、私たちの生活や地域に定着することが今後の水泳教育には重要であると思われる。

1-5 Scientific Tips 2：水中安全文化の構築

水難防止策のビジョンは、溺者をなくし、水中安全文化（Water Safety Culture）を確立することである（Moran, K., 2009）。水中安全文化とは、水難事故や溺れることを未然に防ぐ信念、態度、価値観および行動をすべての人々と共有するという教育でもある。

私たちの身のまわりには、水難に遭遇する危険性が潜んでいる。以下に、日本と諸外国との水泳能力の実際と水難リスク認識の違いやそのとり組み方を紹介する。

1-5-1　オランダの場合

着衣泳発祥の地として近年脚光を浴び、わが国でも教育現場で普及しつつある（佐野、1992：藤本、1998：合屋、2008：野沢、2010：松井、2011）。合屋（2013）による報告では、オランダは環境として国内に運河が縦横に走っており、生活は水辺に接して行われている。

学校水泳の目的は、

1）水中での運動機能の発達
2）サバイバルテクニックの習得
3）スポーツおよびレクリエーション

である。

1）および3）は日本と共通する内容であるが、2）については非常に特徴的であり、学習内容はおおよそ次の通り。水慣れ、水中ゲーム、姿勢の転換、平泳ぎ、背泳ぎ（エレメンタリーを含む）、立泳ぎ（カエル足を使用）、水中へのジャンピンク、潜水、逆飛込みなどである。特徴的なのはクロールがなく、サバイバルに適した立体的、実践的な動きを要求している。

したがって、小学校卒業までに到達すべき基準は以下の通りとなっている。

1）平泳ぎ：25mを3往復（着衣は軽装→水の事故は夏に多い）
2）平泳ぎ：25mを1往復（着衣は長袖、長ズボン）

このように、生活環境が水辺に接しているわが国とよく似ているが、「溺れない」ためのサバイバル技術の実用的な指導カリキュラムによって、重大な水難事故の防止に努めていることがわかる。

松井（1996）によれば、オランダの学校にはプールがないため、どこの町にも公営の室内プールがある。幼児・初心者用プール、競技・一般用プールと時間帯をフルに活用し、多目的（高齢

者、各種教室、小・中学校の授業、クラブチームの練習、一般開放まで）な活動をカバーしているという。人が豊かな水環境の中で安全に行動し、その水環境を活用して生きていくためには、水辺・水中・水上において水や自身、周囲の環境の状態を理解・分析し、そこでの活動を安全かつ適切に実施できる能力（Water Safety Literacy）を身につける必要があると提言している。

1-5-2　ノルウェーの場合

　Stallmanら（2008）は、溺れる原因を探ることによって、私たちは子どもたちに何をどのように教えるべきかを次のように説明している。水中安全の3原則であるWater Safety Literacy（技術、知識、行動規範）から8つの基本技術を抽出し、20段階のステップをAquatic Readinessとして規定している。以下に8つの基本技術を示した。

　1）深い水深へのエントリー（立ち飛び込み、逆飛び込み：写真1-9）。

写真1-9　高いところから飛び込む（筆者撮影）

　2）入水後、浮上し、水面に横たわり、泳ぎ出す（写真1-10）。

写真1-10　水面に横たわり、その場に浮く（筆者撮影）

　3）水面から潜り込み、ゆったりとした潜水泳ぎをする。
　4）少なくとも2つの泳法で泳げる。うつ伏せ泳ぎと、仰向け泳ぎ（写真1-11）。
　5）泳ぎ方も合わせた楽な呼吸ができる。
　6）水中で姿勢を変えることができる（仰向けからうつ伏せへの回転およびその逆も）。

写真1-11　うつ伏せまたは仰向けで移動（筆者撮影）

　7）進行方向を変更する（右ターン、左ターン、それぞれをうつ伏せと仰向けで）。
　8）浮いて待つ（最低限の動きで水面休止）

　その他、手を上げて助けを呼ぶ（写真1-12）、泳ぎながら靴を脱ぐ（写真1-13）、泳ぎながら服を脱ぐ（写真1-14）など自分の命は自分で守る方法がある。

写真1-12　手を上げて助けを呼ぶ（筆者撮影）

写真1-13　靴を脱ぐ（筆者撮影）

　以上のように、より直接的で生活に密着したとり組みであることがわかる。Water Safety Culture、すなわち水泳水中安全文化（Moran, K., 2009）の構築と介入効果を図っていることがわかる。

20　第1章　泳ぐ前に知っておきたいこと

写真1-14　服を脱ぐ（筆者撮影）

1-5-3　イギリスの場合

　Royal Life Saving Society UK（イギリス王立水難救助協会）は1981年、Open Waterでの水難救助を主とした活動から始まり、その普及、指導者養成、水難事故防止対策、水中安全教育などを行う幅広い社会的慈善団体として今日に至っている。英連邦のみならず、オーストラリア、ニュージーランド、カナダなど英国と関係の深い諸国にも、その考え方や活動が伝播、定着している。

　その代表的な水難事故防止および自己保全のためのノウハウを系統的にまとめた内容が"Swimming & Life Saving"（McEIroy, K., 1985）である。現在ではThe Australian Water Safety Council[3]のもとに、Royal Life Saving Society-Australia[4]が組織化され、水難救助や溺水撲滅活動を全国レベルで実施している（2016〜2020年、水中安全方策）。

　なお、ここでは、オーストラリアやニュージーランドの水難事故防止対策の実際やその活動を紹介する。

1-5-4　オーストラリアの場合

　オーストラリアの初心者指導から上級レベルまでのプログラムの内容は、以下の通りである。

　　レベル1　　Water Discovery（発見する）──　例）物につかまらせての救助
　　レベル2　　Water Awareness（気づく）──　例）垂直姿勢でスカーリング
　　レベル3　　Water Sense（感ずる）──　例）その場で浮いていられること
　　レベル4　　Water Wise（知る）──　例）着衣泳（Tシャツと半スボン）
　　レベル5　　Junior Swim & Survive ──　例）ロープ、タオル、衣服を用いた救助、4泳法で100m泳（25mクロール＆サバイバル背泳ぎまたは横泳ぎ、25m背泳ぎ、25m平泳ぎ）
　　レベル6　　Swim & Survive ──　例）ロープ救助（6m離れたところから）、4泳法での200m泳（横泳ぎ、背泳ぎ、平泳ぎ、クロールで50m）
　　レベル7　　Senior Swim & Survive ──　例）6泳法で300m（バタフライ、またはクロール、背

3.http://watersafety.Com.au/
4.http://www.Royallifesaving.Com.au/

泳ぎ、平泳ぎ、横泳ぎ、サバイバル背泳ぎなどを50mずつ）

このように、Open Waterでの水難に遭遇したときを想定して、具体的な対処方法やそれに必要とされる技能レベルを明確な基準で示している。

1-5-5　ニュージーランドの場合

(1) WAIとオークランドの水泳教育

ここではオークランド大学教育学部滞在記（合屋、2010）をもとに、ニュージーランド（以下、NZ）の水泳事情を紹介する。

このコンセプトの構築にはNZのWAI（WaterSafe Auckland Inc.）[5]が携わって、Water Safe Teacher's GuideやIAP（Integrated Aquatic Programme）を作成している。これは、0〜8歳までの子どもを対象とした体系的な水泳学習モデルであるが、理論と実技をいつ、どのような学習内容で教えるべきかを段階的に示した冊子となっている。ちなみに、NZの指導要領（NZ Curriculum 2007）には、実際の水泳の内容は、わずか2行足らずの文章（It is expected that all students will have had opportunities to learn basic aquatic skills by the end of year 6）しか記述されていない。そこで、WaterSafeが音頭をとって、具体的な展開内容と合わせて水泳・水中安全教育とその文化を築こうと、Moran, K.氏を中心にNPO組織を作って活動している実体が見えてくる。その資料がWater Safe Teacher's Guideとなって広く一般に周知されている。NZではWAIによって教師用ガイドが作成されており、水中運動のカギとなる能力を規定している。そこには、何を学ぶかではなく、どうやって学ぶかが重要視されている。このシナリオは、バディといっしょに水の中に入ることによって、水に対する自信をつけさせることであり、Water Safety Literacy（技術、知識、行動規範）の内容を教えることを可能にしている。

(2) Marine Rescue Centerと中央コントロールシステム

2009年、サバティカル期間中に、オークランド港にあるMarine Rescue Center（写真1-15）を訪問し、インタビューを行った。

写真1-15　マリンレスキューセンター（筆者撮影）

5.WaterSafe Auckland Inc.（WAI）、Teacher Guide：Key Competencies in Aquatics より Open Water Guideline、松井敦典訳（2012）。

ここでは、1) Surf Life Saving、2) Coast Guard、3) Harbour Master、4) Police/Helicopter Rescueが1か所に集中され、センターの中央管理棟には人的配置、監視システム、無線オンライン（1〜4のすべて）による、中央コントロールシステム（写真1-16）を稼働させる体制が整っている。

写真1-16　中央コントロールシステム（筆者撮影）

特に、夏のシーズンでは事故、遭難状況の情報を一手に集め、最も適した救助、救済方法を中央コントロールシステムで制御し、コーストガードや海上警察の体制を敷いている（写真1-17）。

写真1-17　コーストガードや海上警察の体制（筆者撮影）

また、大学医学部の病院にはヘリポート（写真1-18）があり、センターからわずか数秒で到着できるようになっている。

写真1-18　ヘリポート併設体制（筆者撮影）

海の潮汐表、アメダス、北島北部の各ビーチや港湾連絡先のモニター表示、出動体制管理システム（24時間体制：警察、ヘリ、サーフライフセービング要員）などが、お互いの役割をタテ・ヨコの連係をとりながら運営されている。限られた資源を合理的で広範囲な人的および施設整備の配置で行っていたのが印象的であった。

1-5-6　アメリカの場合

非常に画期的な実践研究が、1960年代に大学の授業で行われていた。Fred. R. Lanoue（1969）の「おぼれないための新しい水泳の技術」がそれに当たる。Open Water において、「自分の命は自分で守る」実用的な一種の浮標および移動技術である。

初心者の大学生を対象とし、手足を使わないで8時間浮き続ける課題を与えた結果、57名中16名（30％弱）が達成できたと報告されている。垂直方向の浮き沈みを利用したピッチングと呼吸法とを開発し、年齢、性別、どんな場合および条件でも生き延びることができる浮標（Floating）を考え出している。Aquatic Readiness（Stallman、2010）の考え方に共通する内容と思われる。

なお、途中でリタイアした原因は、「予定がある、寒さ、飽きる」などが45％であったことから、誰もがかなりの確率で遂行できる Survival Technic であることがわかる。現在までに、全米の多くの大学の授業で取り入れられ、溺死事故防止に貢献していることや、US NAVY 特殊部隊の SEALs のスクリーニングテスト[6]として採用されていることからも理解できる。

また、子どものための Drown Proofing（着衣泳を含む）の方策[7]や、手足を使わないでその場での Drown Proofing の練習[8]、赤ん坊を対象として、自分自身で身を守る Drown Proofing の方法と、その手順を示したトレーニング[9]など、実際に起こりうる水難事故を想定した、実践的なリスクマネージメントが動画サイトにアップされている。

同様に、シアトル子ども病院では、すべての年齢の人たちの水中安全と水難防止対策の啓蒙と実際を行い、その普及に努めている[10]。また、水難事故防止ガイドラインを18か国、それぞれの言語に翻訳してホームページに掲載するなど、全世界的な普及を目指している。日本語訳には、著者を中心に、水泳水中運動学会、愛知教育大学、鳴門教育大学、国際武道大学、千葉大学などが関わり、作成された。その内容の概略は、プール内だけを想定した水泳から脱却し、Open Water すなわち海、河川、湖など自然の中の水に対してのリスクマネージメントを含めた視点（Water Safety Literacy）を採り入れていく必要性を述べている。

「水難事故防止ガイドラインはなぜ必要なのか」についての日本語訳ガイドラインを以下に紹介しておく（詳細は、脚注11を参考のこと[11]）。特に、一般向けにわかりやすく、なおかつ、私たちの水環境のリスクがプールだけでなく、広く自然にまで及んでいる視点に注目する大切さ

6.https://www.Youtube.com/watch?v=OMYM0rJtNIQ

7.https://www.Youtube.com/watch?v=gutobhrVj_0

8.https://www.Youtube.com/watch?v=umXltp4dth8

9.https://www.Youtube.com/watch?v=4pBq3FoJNil

10.https://www.seattlechildrens.org/health-safety/keeping-kids-healthy/prevention/drowning-prevention/

11.https://www.seattlechildrens.org/globalassets/documents/health-and-safety/drowning-prevention/generic_open_water_guidelines_nomethods_final.pdf

が記述されている。

水難事故防止ガイドライン

　わたしたちは海や川・湖・沼・池などに入ったり、その近くにいる時には、自分自身はもちろんのこと、周りの人たちの安全にも気をつける必要があります。このガイドラインはあなたや、家族、友人などが水難事故に遭う危険性を少しでも減らすためのものです。以下のようなことを守って安全に行動しましょう。

自分を守る

・水泳・水中サバイバル技術を学ぶ

・ひとりでは泳がない

・安全標識や警告表示に従う

・飲酒後は絶対に水の中に入らない

・ライフジャケットの使いかたを知っておく

・游泳指定区域内で泳ぐ

・水の状況や天気予報をチェックする

・水底の状態がわからないところは足から入る

他人を守る

・子どもに水泳・水中サバイバル技術を教える

・游泳指定区域外で泳がせない

・水中安全のルールを守らせる

・子ども達が水の中にいる時は、いつも最大限の注意を払う

・子どもや泳げない人達と一緒の時は、ライフジャケットをいつでも使えるようにしておく

・救急処置と心肺蘇生法を身につけておく

・危険な状況にならないように、救助法の知識と技術を学んでおく

・安全標識や警告表示に従わせる

　以上のように、水泳学習では、単に体育・スポーツの1種目としてだけでなく、すべての子どもが備えるべき基礎的能力の習得、すなわち溺れないためのさまざまな泳力と、安全を高めるための知的理解を含めた総合的な水泳・水中安全能力の獲得が大切である。そのためには、個人、家族、集団、地域、国、それぞれの立場からのアプローチが必要である。これまでの水泳指導は、競泳の泳法指導に終止する場合も多い。諸外国のように、プール内だけを想定した水泳から脱却し、Open Waterすなわち海、河川、湖など自然の中の水に対してのリスクマネージメントを含めた視点を採り入れていくべきである。

1-6 競泳指導と泳力指導との違いは？

1-6-1 学習過程モデル

　水泳教育の指導現場では、競技に必要とされるテクニックよりも、基礎基本の技術についての研究成果を利用すべきである。水中運動は水平移動のみの展開であることが多く、3次元的な運動であることの発想が不足している。梅田（1973）や木庭（1976）は、「単にプールに於いてだけでなく、流れや波のある自然の水の中でも安全に泳げるだけの力を養成することをねらいとする水泳指導」を区別している。したがって、これらを十分に認識したうえで教育現場での水泳指導に当たることが大切である。「小・中学校の教員の基本的水泳運動能力や水泳指導能力の質」が問われることになる（佐野、1977）。

　図1-5に学習過程の1つのモデルを提示した。水慣れとしての「導入系」、基本的な水泳運動の経験としての「展開系」、より幅広く高度に発展させた「応用・発展系」のレベルへと進む。しかし、導入段階から泳ぎへの中間的段階が省かれ、泳法指導へと進むことが多いので、水泳の授業＝泳法技術の習得という図式が固定化している。

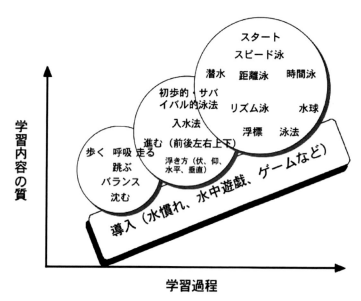

図1-5　学習のみちすじのモデル（出典：合屋、2004）

　そのため、毎回の授業時に、ウォームアップゲーム（例：2人1組での水かけ、ジャンプ移動、綱引き、ジャンケンゲーム、3人1組での騎馬移動、4人1組での騎馬戦、多人数でのいかだ流しや鯉の滝登りなど）を通して運動固有の楽しさ・喜びを体験させ、メインテーマの内容に対して心と体の準備となるような展開が重要である。また、バディ同士の練習や観察は非常に有効なコミュニケーションツールとなり、授業効果を高める手段としても利用できる。

1-6-2　学習（トレーニング）の5大原則

　学習をトレーニングとして置き換えて考えてみると、以下の5つの原則を水泳の授業内容に当てはめてみるのもよいであろう。

1) 意識性……バディシステム（互いに確かめ、教え合う）
2) 反復性……短い距離（10m程度）の技術練習、時間泳など
3) 全面性……泳法矯正（1つの注意点を1つずつアップグレード）
4) 個別性……各自の課題、ペース、努力目標などのセット
5) 漸進性……分習、全習の組み合わせでステップ・バイ・ステップ

　特に、1）の意識性は導入段階での学習意欲に大いに影響することから、指導者はWarm Up Gameなどを取り入れて、運動の特性に触れる楽しさや喜びを考慮すべきである。「始めよければすべてよし」である。

　また、教わる側もお互いのバディ同士で「教え合う」「指摘し合う」「観察し合う」ことを通して、主体的に学ぶ楽しさや雰囲気作りを積極的に展開することが大切である。そうすることによって、お互い知らなかった者同士がコミュニケーションをうまくとれるようになり、かつ学習効率を高める結果が期待できる。

1-7　バディシステム（相棒：安全確認と仲間作り）

　水泳は危険を伴うため、特に安全の配慮を十分にやらなければならない。そのためには2人1組のバディ（Buddy：仲間という意味）システムを用いて、点呼を一瞬のうちに済ませ、お互いの安全を確かめる（写真1-19）。

写真1-19　バディシステムによる安全の確保と仲間作り（筆者撮影）

　また、これを有効に使って学習内容のできばえを互いに確かめ合うサポートシステムとして

機能させるとよい。たとえば、「顔を水面上に出したままのけのび」ではどのくらいの距離まで進むかを実際にやってみて、その結果、けのびの移動距離がどのように変化するかを、自分自身や他人との比較の中で新しい発見をすることができる。「なぜ？」「どうしてそうなるの？」「もう1回やってみよう！」である。

　さらに、コミュニケーションをとることをねらいとすることも可能である。学習課題、内容の消化のみでなく、学習者自らが積極的に参加、課題追求できるようなサポートシステムと位置づけることができる。

■参考・引用文献

フレッド・ラヌー著、江橋慎四郎訳『溺れないための新しい水泳技術』（泰流社）、1969年。

藤本秀樹『小学生のための着衣水泳の指導』（黎明書房、1998年）、88〜86ページ。

合屋十四秋「水泳の学習指導」、『小学校体育の教材・指導事例』（黎明書房、2004年）、76ページ。

合屋十四秋『水泳、第4章1、着衣泳とサバイバルテクニック、デジタル版中学校体育スポーツ教育指導法講座』（ニチブン、2008年）、1〜4ページ。

合屋十四秋「サバティカル研修報告 =オークランド大学教育学部滞在記=」、『東海体育学会会報』Vol.83（2010年）、29〜33ページ。

合屋十四秋「水泳および水中安全能力の実際とその認識」、『愛知教育大学研究報告』Vol.60（2011年）、35〜46ページ。

合屋十四秋「水泳研究・教育事始め =swimming for all をめざして=」、『愛知教育大学保健体育講座研究紀要』Vol.38（2013年）、41〜53ページ。

合屋十四秋ら「水泳指導の系統性・順序性と水泳水中安全文化」、『日本水泳水中運動学会2014年次大会論文集』（2014年）、50〜53ページ。

日高敬児「「泳げる」ということについて」、『佐賀大学文化教育学部研究論文集』Vol.12、No.2（2008年）、241〜247ページ。

木庭修一「学校プールにおける水泳指導のねらいは何か」、『学校体育』Vol.7（1976年）、16〜17ページ。

松井敦典「オランダの水泳事情 =自己責任の文化と教育=」、『学校体育』Vol.49、No.7（1996年）、54〜56ページ。

松井敦典「命を守る「安全水泳」の視点から水泳教育を問い直す」、『体育科教育』Vol.59、No.7（2011年）、18〜21ページ。

Matsui, A., et al.「The History and Problem of Swimming Education in Japan」、『The IAHSFF Book』（2012年）、129〜135ページ。

松井敦典「学校水泳に潜在するリスクと「安全水泳」導入の提案」、『体育科教育』Vol.61、No.7（2015年）、27〜31ページ。

松﨑健「競泳用水着の変遷 =記録への終わりなき挑戦=」、『繊維学会誌』Vol.58、No.9（2002年）、236〜239ページ。

McEIroy, G. K.「Swimming & life Saving」、『Royal Life Saving Society − Australia』（1985年）。

Moran, K.「New Zealand experience」、Proceedings of the Japanese Society of Science in Swimming and Water Exercise、『日本水泳水中運動学会2009年次大会論文集』（2009年）、8〜11ページ。

野沢巌「着衣泳物語」、『埼玉大学教育学部紀要』Vol.59、No.1（2010年）、13〜19ページ。

尾関一将ら「競泳におけるキックスタートとトラックスタートの比較 =性差を踏まえたパフォーマンスの検討=」、『水泳水中運動科学』Vol.17、No.1（2014年）、4〜11ページ。

真田久ら「嘉納治五郎による水術の再編に関する研究」、『体育学研究』Vol.52（2007年）、315〜326ページ。

佐野裕「水泳指導法覚書」、『横浜国立大学教育紀要』Vol.17（1977年）、130〜157ページ。

佐野裕「着衣泳指導のあり方をめぐって」、『水泳指導法研究』Vol.II（1992年）、14〜23ページ。

城島栄一郎ら「水着と競技記録の関係」、『実践女子大学生活科学部紀要』Vol.48（2011年）、125〜130ページ。

Stallman, R. S., et al.「The teaching of swimming based on a model derived from the causes of drowning」、『International Journal of Aquatic Research & Education』Vol.2、No.4（2008年）、372〜382ページ。

鈴木智光『先生と親の万能型水泳指導プログラム』（学芸みらい社、2015年）、106〜141ページ。

「日本記録の変遷」（『スイミング・マガジン』Vol.38、No.1、2014年）、46〜65ページ。

「世界記録の変遷」（『スイミング・マガジン』Vol.38、No.5、2014年）、58〜73ページ。

武田剛ら「競泳スタート台の傾斜角度の違いがスタートパフォーマンスに与える影響 =グラブスタートとトラックスタートにおける影響の違い=」、『水泳水中運動科学』Vol.12、No.1（2009年）、18〜97ページ。

土居陽治郎、下永田修二「学校プール建設の歴史と学校体育における水泳教育の変遷」、『国際武道大学紀要』Vol.25（2009年）、31〜41ページ。

梅田利兵衞「プールに於ける水泳教育」、『学校体育』Vol.7（1973年）、12〜18ページ。

H.T.A.ホワイティング著、杉原潤之輔ほか訳『かなづちの水泳指導 =その科学的アプローチ=』（泰流社、1977年）、51〜69ページ。

第2章　水中への第1歩

2-1　水泳水中運動の楽しさ

2-1-1　1人で行う導入例

　水の中の世界は陸上とはまったく異なり、浮力の影響で身体を支える力が少なくて済む。また、水面、水上、水中といろいろな方向に移動したり、回ったり、潜ったりと自由自在に動き回れる楽しさがある。まずは、1人でもできる水中での移動を試してみよう。

1) 歩く：ゆっくり、普通、速く、前向き、後向き、横向きなど。
2) 走る：意外と水抵抗が大きいので走りにくい。これを利用して運動の負荷にできる。
3) 方向を変える：前後、左右、上下、水上だけでなく水の中に潜っての移動、移動方向を180度変える折り返しなど。
4) ジャンプ：前後、左右、上下、水上だけでなく水の中に潜っての移動、大きな上下のジャンプと小さな上下のジャンプ、ジャンプにアクセントをつけて強くジャンプ・弱くジャンプなど。
5) 潜る：浅く、深く、長く、うつ伏せ、仰向けなど。
6) 1) から5) までを適宜組み合わせて、さまざまな動き方を考えて試してみる。

2-1-2　2人1組のバディ（相棒）で行う導入例

　2人1組になって、最も簡単ですぐにできるのがじゃんけんゲーム。陸の上でできるじゃんけんゲームはほとんど水中でできるので、危険を伴うもの以外は応用可能である。例えば、以下のようなものがある。

1) ジャンケン→勝ち：相手の顔に水をかける。
2) ジャンケン→勝ち：水の中に沈める（写真2-1）。
3) ジャンケン→勝ち：水の中でまりつき。
4) バディの相手をおんぶして歩く。
5) バディの相手をおんぶして走る。
6) バディの相手と交互に水中馬跳び。
7) 肩につかまらせて歩く（写真2-2）。
8) バディと交互に股くぐり。

写真2-1 バディを沈める（筆者撮影）

写真2-2 肩につかまって歩く（筆者撮影）

9）バディを肩車して歩く＆走る（写真2-3）。

写真2-3 肩車で歩く（筆者撮影）

10）バディを肩車して、騎馬戦（他のバディの帽子を奪い合う＆水中に落とす）。
11）バディと手をつなぎ（ヒューマンチェイン：お互いの手首をつかむ）、お互いを引っ張り合う綱引き（写真2-4）。
12）手のひらを合わせてバタ足勝負（写真2-5）。
13）ジャンケン→勝ちは後ろにすばやく逃げる。負けは勝者をすばやく追いかける。

以上のように、水慣れとして、2人またはみんなとコミュニケーションをとる手段として用いる。

第2章 水中への第1歩 | 31

写真2-4 綱引き合戦（筆者撮影）

写真2-5 手のひらを合わせてバタ足（筆者撮影）

2-1-3　4人1組などで行う導入例

　4人以上、多人数でチームワークを高めたり、コミュニケーションをとったりする手段として、水中ならではのゲームや競争などで雰囲気を大いに盛り上げる。例としては、以下の通りである。

1) 全員で手をつなぎ輪になって歩く、走る、逆回転を繰り返すなど（写真2-6）。

写真2-6 手をつないで輪を作ろう（筆者撮影）

2) 4人以上でタテ1列になり、お互いの肩に手をかけて走る（写真2-7）。
3) 1)の状況から笛の合図で全員が180度回転し、方向を変える。これの繰り返し。
4) みんなで股くぐり：初心者向け（写真2-8）。

写真2-7　しっかりとつかまって走る（筆者撮影）

写真2-8　みんなで股くぐり（筆者撮影）

5) イカダ流し：2列で向かい合う。全員、両手で水をかいて一方向へ流れを作る。その流れに乗って1人ずつ泳いで通り抜ける。楽に速く泳げる（写真2-9）。

写真2-9　イカダ流し（筆者撮影）

6) 4) の流れを逆に作り、その流れに逆らって1人ずつ泳いで通り抜ける。かなりの水抵抗を受ける。通り抜けるのは難しい。適宜、水流を調整する。
7) 騎馬戦：高学年、大人向き。水中なので落馬してもケガの心配はない（写真2-10）。
8) 鯉の滝登り：2列で向き合い両手をつなぐ。その手の上に1人腹ばい（仰向け）になる。全員で協力して両手を斜め前に送り出し、空中に何度も浮かせながら最後まで移動させる。非常にダイナミックな水上飛行気分を味わえる（写真2-11）。
9) 道具を使ってみんなで楽しむ。フラフープくぐり。子ども、初心者向け（写真2-12）。
10) タイヤゴムチューブを使って、運ぶ、輪くぐり、いるか飛びの練習（写真2-13）。

写真2-10　4人1組で騎馬戦（筆者撮影）

写真2-11　鯉の滝登り（筆者撮影）

写真2-12　フラフープくぐり（筆者撮影）

写真2-13　タイヤチューブを使って（筆者撮影）

11) 多人数でプール全体を使って、全員で一方向にぐるぐる歩いて回る。プール全体に1つの大きな流れを作って、勢いがついたらけのび姿勢で浮いてみる。浮いた状態で流されるので、水中を進む感覚を味わえる（写真2-14）。

写真2-14　プール全体に流れを作る（筆者撮影）

　以上のように、人数や場所、年齢層、技能レベルに応じて上記サンプルを適宜組み合わせて、メインの練習やドリルの前のウォームアップとして活用したい。内容によってはかなりの運動量にもなり、主運動への動機づけとしても十分利用できる。

2-2　Scientific Tips 3：人は浮くか？　沈むか？

　人間が浮く、浮かないについて水泳の研究では従来より関心が高く、古くから調べられている。Behnke（1942）によれば、男子の比重は1.050〜1.084と水の比重（1.0）より重く、女子はそれよりも小さく浮きやすいことを明らかにしている。しかし、肺の中の空気の量（浮力）を足すと、男女の比重は約0.974となり、水よりも軽くなるので水中では浮くという結果になる。

　この場合、どのくらい浮くかというと、水の比重を1とすると 1 − 0.974 = 0.026で、この差の分だけ水面上に身体の一部が出て浮いていることになる。ということは、人間の身体が水によって上方へもち上げられ、わずかに浮いた状態であることがわかる。この押し上げられる力は、体重60kgの人の比重を1.0とした場合、水面に出ている分の比重0.026を掛けると1.56kgとなり、釣り糸で1.56kgの力で引っ張り上げられていると考えるとわかりやすい。これを余分に余った浮力＝余剰浮力（内田、1975）と言う。

　では、1.56kgの余剰浮力があれば、人間は浮き続けられるのであろうか。

　一息だけ吸って息を止めて水中に浮いていることをだるま浮き（Float）と言い、足をつかないで何回も息つぎをしながら浮いていることを連続棒浮き（Floating）と言う。棒浮きは身体を水面に対して垂直に「気をつけ！」の姿勢をとることである。この姿勢であれば上下方向のピッチングを使って顔を水面上に出し、息を吸ったり吐いたりを続けながらの浮きが可能になる（写真2-15）。これができるためには、最低限1.5kgの余剰浮力があればいいことになる（内田、1975）。

　それでは、水中で息を吸ったり吐いたりすると、そのときの比重はどのように変化するのであろうか。

　Roak（1937）によれば、息を一杯吸ったときの比重は0.981、息を一杯吐いたときの比重は1.018であったと報告している。つまり、人間は息を一杯吸ったときだけ浮きやすく、息を吐くと沈みやすい。息を一杯吸っただるま浮きでは10歳から13歳までが最も浮きやすく、それ以降

写真2-15 棒浮きで浮き続ける（筆者撮影）

は男女差が開き、女子がとても浮きやすくなる（Whiting、1962、1964）。同様に、日本人の小中学生の比重を調べた結果、息を一杯吸っただるま浮きでは、男子0.936〜0.995、女子では0.954〜0.992と浮きやすいことが明らかになっている（合屋、1989）。一方、息を一杯吐いたときの比重は男子が1.001〜1.058、女子が1.001〜1.038といずれも沈みやすいことがわかった。

2-3　Scientific Tips 4：浮き続けるためのテクニック

　だるま浮き（Float）で浮くためには比重が0.988付近、また、棒浮きで浮き続けるには比重が0.974付近だと言われている（Sandon［1935］、合屋［1989］）。したがって、余剰浮力が約1.5kg以上であれば、呼吸を確保しながらずっと浮き続けることができる。それにはある程度のテクニックと要領とが必要とされる。また、子どもと大人、男性と女性とでは浮きやすさ、浮きにくさが異なる。浮きやすいのは子どもや女性であり、浮きにくいのは男性が多く、かつ大人になるほど筋肉や骨が太くなるので沈みやすくなる。そのうえ、水中および水上での身体の微妙なバランスとタイミングのとり方、手足の動かし方とタイミング、息を吐いたり吸ったりするタイミングなど、さまざまなテクニックが要求される。しかし、いったんマスターすればそれほど難易度は高くならないので、十分身につけることのできる浮き方（浮き続け方）になり得る。各種泳法の学習への導入時には、水中での姿勢（伏し浮き・仰向け・垂直など）と、浮き沈み（初歩的な呼吸法を含む）との理解と実践を経由しておかなければならない。特に、自分で自分の命を守る方法として実際に役に立つのが「浮き」である。例えば、ボビング（上下のピッチングを利用した呼吸法の一種）からサバイバルテクニックとしてのラヌー式浮標（垂直方向へ呼吸を続けながら浮き続ける方法）がその代表例である。そのための準備動作のボビングドリルは、次の通りである。

1) 水中で息を吐き、水上で息を吸う：連続10回を目安とする。
2) 水上で「プハッ」と言いながら息を吐き、息を吸う：連続10回を目安とする。
3) 脚の屈伸運動を使って、少し深い水深で上記2) を行う：連続10回を目安とする。
4) 足を着かないで、その場での浮き沈み運動を行う（プールの底をけってもよい）。
5) 上下の浮き沈みを利用し、水面に顔のみを出してすばやく呼吸する。

6）両手を腰の後ろで組み、できるだけ足をつかないで、上記1）から5）を行う。

　次に、上記の要領を習得したら、浅いプールでのラヌー式浮漂にチャレンジし、呼吸を続けながら浮き続ける方法をマスターできるようにする。足を着いてもよいが、中止せずに何度も続けて行うとその要領がわかってくる。その要領とドリルの順序は写真2-16から写真2-19までの流れとなる。
　要領としては、順に以下の通りである。

1）息を一杯吸って潜り、アゴを引きながら息をこらえて、静止の姿勢で待つ（写真2-16）。

写真2-16　息を吸って潜る（筆者撮影）

2）浮いてきたら両手で水を下に押して顔を出す（写真2-17）。

写真2-17　浮いてきたら顔を出す（筆者撮影）

3）一気に「プッ」と息を吐き、すばやく「ハッ」と息を吸う（写真2-18）。
4）すばやくアゴを引いて水中に没し、息を止めて浮いてくるまで待つ（写真2-19）。
5）1）に戻って、繰り返してFloating（浮き続ける）

写真2-18　息を吐いて吸う（筆者撮影）

写真2-19　アゴを引いて潜る（筆者撮影）

2-4　自分の命は自分で守る「サバイバルフローティング」

　次に、より実践的かつハイレベルの「手も足も使わないでずっと浮き続けるまたは泳ぎ続ける」ラヌー式浮標（ラヌー、1969）に挑戦しよう。より具体的なやり方はUS NAVY特殊部隊SEALsのスクリーニングテスト[1]として採用されている動画を参照すると、そのノウハウがよくわかる。

　水中での浮き方には1) うつ伏せで水面に平行の姿勢、2)仰向けで水面に平行の姿勢、3) 水面に対して垂直の姿勢で浮く、の3通りの方法がある。サバイバルテクニックとして使われるのは、3) の水面を上下するピッチングを利用する方法である。特に、オープンウォーター（プール以外の自然の水域）での水難事故を未然に防ぐためには、自分で自分の身を守るための実用的な泳ぎ方の1つとして定着させるべきである。わが国の水難事故死の90％以上は海や川などであることから、このような場面に遭遇した際のリスクマネージメント対策が必要である。

　写真2-20は、水深が深いプールでのラヌー式浮標（サバイバルフローティング）の実際である。左から右の順へ順に示したが、水面を上下にピッチングしながら、両手両足を一切使わないで浮き続ける泳ぎの一種と考えてよいであろう。息を一杯吸った状態では余剰浮力（水面上に

1.https://www.Youtube.com/watch?v=OMYM0rJtNIQ

出ている頭の部分）が生じるので、じっとしていると頭頂部がわずかに水面上に出てくる（写真（1）～（3））。このときに「アゴを上げてすばやく息を吐き、すばやく息を吸って（写真（4））、すばやくアゴを引き、息を止めて惰性で下へ沈んで静止するまでじっと待つ」。そして最初の（1）に戻ってこれを繰り返す。連続して続けることによってリラックスし、安定するので、5分間を最初の目標にする。最終目標を10分間とし、サバイバルテクニックを身につける。

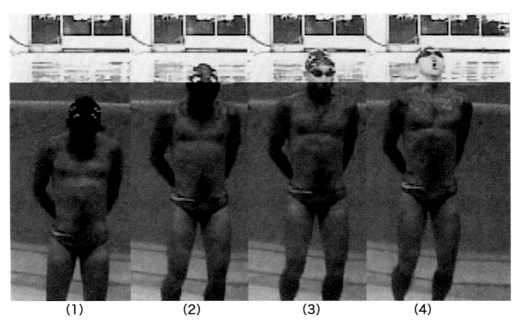

写真2-20　足の着かない場所でのラヌー式浮標（資料提供：筑波大学、高木教授）

■ **参考・引用文献**

Behnke, A. R. et al.「The specific gravity of healthy men」、『J. Americ Medical Assoc.』Vol.118（1942年）、16ページ。

フレッド・ラヌー著、江橋慎四郎訳『溺れないための新しい水泳技術』（泰流社、1969年）。

内田整子「水泳のFloatingの基礎的考察」、『東京教育大学修士論文要旨』（1975年）、1～12ページ。

Rork, R and F. A. Hellebrandt「The floating ability of women」、『Res. Qurt.』Vol.8（1937年）、19～27ページ。

Sandon, F.「A note on specific gravity of the living human body」、『Ann. of Eugenics』Vol.6, No.12（1935年）、372～376ページ。

合屋十四秋「児童・生徒の人体浮力の経年的変化」、『愛知教育大学体育教室研究紀要』Vol.14（1989年）、29～34ページ。

Whiting, H. T. A.「Variation in floating ability with age in the male」、『Res. Quart.』Vol.34, No.1（1962年）、84～90ページ。

Whiting, H. T. A.「Variation in floating ability with age in the female」、『Res. Quart.』Vol.36, No.2（1964年）、216～218ページ。

第3章　泳ぎへの第1歩「けのび」

3-1　けのびのスピードは世界新記録？

　まずは、うつ伏せの姿勢で水中を進む基本動作の「けのび：ストリームライン」を習得する必要がある。これは、クロールのみならず、すべての泳法に共通する最も大切な姿勢である。「けのび」は泳ぎへの第1歩。非常に単純であるが、最も基本的で重要な技術と言ってもよい。壁をけった後の泳スピードは一瞬であるが、100mクロール泳の世界新記録の速度（秒速約2.0m強）を超える世界（秒速約3.0m）が体験できる。

　以下のドリルをバディといっしょに実施、観察し、お互いにアドバイスをもらいながらチャレンジしてみよう。短い距離を、何回かに分けて、30分間で完成である。

3-1-1　けのびのドリル

　けのび（ストリームライン）の習得を以下の手順にて行う。

1）壁のけり方：まずは潜ってから（写真3-1）、流線型姿勢をとって徐々に力を加える。

写真3-1　潜ってから流線型姿勢（筆者撮影）

2）けのび後の立ち方：脚を両手で抱え、体が垂直になったら脚を伸ばして顔を上げる。
3）「けのび」だけで、どこまで進めるかをバディといっしょに計測する。
4）プールサイドの端から端まで、何回の「けのび」で進めるかを調べる。
5）顔を上げての「けのび」と顔をつけての「けのび」で比べてみる。
6）両手を肩幅に広げた「けのび」と手のひらを頭の前で合わせた「けのび」とで比べる。
7）最も抵抗の少ない姿勢、手、頭の位置はどうなのかを、バディといっしょに観察し、考え、試す。
8）「けのび」は、クロール泳の世界新記録の速度より速くなるか？
9）バディ同士うまくできたこと、できなかったことを確かめ合いながら進める。

10）お互いに気づいたことは、必ずバディ同士でコミュニケーションをとり、教え合う。

以上のような方法で効果的な学習を展開する。

3-1-2　30分で覚えるけのびのドリルの1例

けのびをスムーズに覚える方法の1例を以下に示しておこう。

1）壁のけり方：
　まずは潜ってから、上体を水平にして徐々に力を加える（写真3-2）。

写真3-2　けのびのけり出し前の姿勢（筆者撮影）

2）けのびの後の立ち方：
　脚を両手で抱え、体が垂直になったら脚を伸ばし、顔を上げる
3）悪いけのびの実施：
　(1) 頭を上げ、腕を開いた状態で実施
　(2) よいけのびのときの感覚・回数を比較させ、水の抵抗感を体験させる。
4）25mをけのび3回以内でできることを目標にする。
5）5分間の課題解決学習：
　(1) 25mけのびをバディによる相互学習活動によって、「教える」「教えられる」経験をする。
　(2) お互いのコミュニケーションを積極的に働きかけることをねらいとする。

単純ではあるが、基本的な技術として非常に重要な要素を含んでいるので、振り返り学習や、他人の動きを観察する力を身につける機会とすることが望ましい。

3-2　Scientific Tips 5：けのびの研究からわかること

3-2-1　けのびの到達距離

けのび動作は、初心者の段階から一流選手に至るまで、ともに共通した能力評価基準として

位置づけることができる（野村、2004）。すなわち、この動作1つだけ見ればその泳者がどれくらいの技術レベルであるかを一瞬にして見抜ける。この技術は、水からの抵抗を皮膚感覚で捉えたり、抵抗を小さくしたりするための姿勢のとり方、あるいは体のコントロールなど、各種泳法の動作と大きく関連している(土居ら、1985)。

ところで、プールの壁をけってけのびで進む距離はいったいどのくらいなのだろうか。図3-1は、初心者、中級者、上級者の到達距離を示したものである。

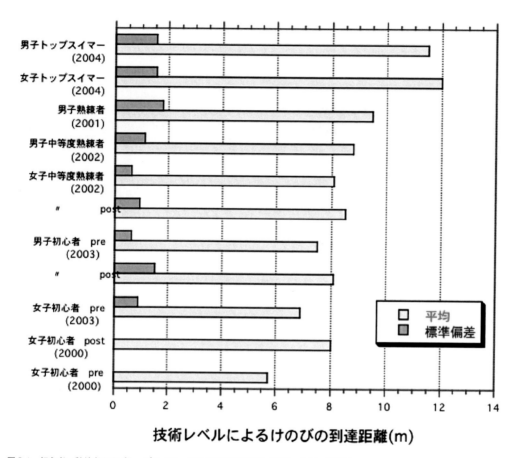

図3-1 初心者、熟練者およびトップスイマーのけのびの到達距離（出典：合屋、2005）

上級者では男女ともにおおよそ12m、中級者では8〜10m、初心者では6〜8mとなっている。また、初心者が練習すると、その距離は約1mほど伸ばすことができる。しかし、初心者の到達距離は上級者のほぼ半分しかない。なぜ2倍ほどの差ができるのであろうか。もし、北島康介選手がけのびをやってみたら、いったいどのくらいの距離になるのだろうか。25m程度は十分到達するのではないかと興味は尽きない。ちなみに、ある講習会で中年太りの元水泳選手にけのびを一息だけでどこまで行けるかを試してもらったところ、25mプールの距離を見事達成することができた。浮力（脂肪）の威力を実感させられたエピソードである。

3-2-2　壁をける力の大きさ・速さ・方向

　図3-2は女子の初心者と上級者とのけのびの力発揮パターンを示したものである。タテ軸に力の大きさ、ヨコ軸に時間を表している。初心者が一気に壁をけって大きな力を出しているのに対して、上級者は一度ためを作って（約500N ≒ 50kgあたりで止まっている）、その後、大きな力を発揮していることがわかる。このときに、いかに抵抗の少ない姿勢をとれるかが前方へ進むときのカギとなる（写真3-1）。すなわち、その差が前方へ進む速度に影響する。結果として、上級者のけのびの距離は初心者のほぼ2倍程度の距離となる。ちなみに、初心者が練習してもなかなかその差は縮まらないことがわかる（図3-2の初心者Postのライン）。

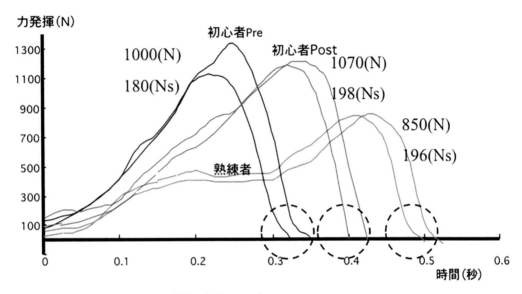

図3-2　女子のけのびの力発揮パターン（出典：合屋ら、2005）

3-2-3　よりうまくより遠くへけのびをするには？

　画像解析と力発揮のデータを合わせて分析した結果をまとめると以下のようになる（図3-3）。図3-3の右側に示したパターン波形（曲線および直線）は、初心者から熟練者、そして上級者へと移るにしたがって変化していく過程を模式化したものである。つまり、波形の左部分から中間部分、そして右端部分の順に、初心者、熟練者、および上級者の力の大きさ、強さ、速さ、および角度変化のモデルパターンとしてまとめたものである。この図からわかったことを箇条書きにまとめると次のようになる。

1) の壁をける力の発揮の仕方は、上手になるにしたがって、左から右のパターンになる。壁に足が着いてからしばらく待って（ため）、アゴを十分に引いたストリームライン姿勢をとった後にけり出す。
2) 力積は力×時間なので、けるときのパワーを表す。上手になると大きなパワーは必要ではない。

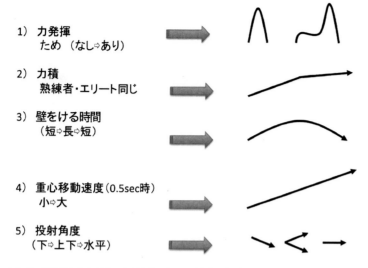

図3-3 初心者から上級者への力発揮パターン（出典：合屋ら、2010）

3) のパターン波形のように、足が離れる瞬間にすばやくけることが大切である。波形のタテの長さが時間の長さを示している。つまり、上級者のほうが短くなっている。

そして、5) に見られるように、ける方向は上でも下でもなく、水平にけり出すことで前に進む抵抗を大きく減らせる。それまでは、上方や下方にけって安定していない。

結果として、4) の水中を人の身体が大きな速度で進んでいくことになる。パターン波形のタテの長さが大きくなっている。それが、けのびの到達距離の大きな差となって表れる。

しかし、顔を上げたままのけのびは、顔を水の中に入れた場合と比べると、その距離はほぼ半分になる。いかにアゴを引いて身体全部を水地位に沈め、前面の水抵抗を減らす姿勢をとることが重要であるかが理解できる。

3-3　3次元的な動きを楽しむシンクロもどき

表現運動の要素が組み込み可能な「シンクロもどき」などの水中での立体的な動きや、普段とまったく異なる体験をすることによって、新しい発見、感動などが期待できる。

2人組、4人組、6人組などとチームを組んで自分たちの発想で動きを組み立て、完成させていく楽しさを用意するとよい（写真3-3）。グループでコミュニケーションをとりながら1つの作品を完成させるおもしろさが経験できる。単純で基本的な動きだけを教えたら、あとは各チームに任せ、アイデアを出しながら完成に向けてシンクロナイズさせるとよいだろう。いわゆる、教師主導型から学習者参加型への授業展開の方法や工夫である。発表会を設け、採点の観点（オリジナリティ、テクニック、コンポジション、ユーモア、アーティスティックなど）を決めて採点するのもおもしろい。

実施に当たっては、簡単なルーティンを大まかに決めておくとよい。

写真3-3　まずは入水のポーズから（筆者撮影）

　例えば、直線距離12m前後を一方通行で、1つの課題を足を着いてさまざまな移動をさせる。
　指導者は、笛を吹いたり、または打楽器を鳴らしたりして、拍子をとってやるなど、補助するとよい。
　以下は、アイデアの1例として紹介する。

1) 基本は2人1組とし、進行するにしたがって合流する人数を増やしていく（写真3-4）。

写真3-4　2人1組で泳いでみよう（筆者撮影）

2) まずは、陸上での基本的な動きを、足を着いた状態で一方通行の直線で行う。
3) 2人で調子を合わせて（4呼間、4で大きく飛び上がってジャンプ）前進する。
4) 3) でジャンプするときに両手を万歳する（写真3-5）。これを繰り返して対岸まで移動する。

写真3-5　ジャンプに合わせて万歳する（筆者撮影）

5) 4)の変形：4)のジャンプで1人は上に、他方は下へ潜って互い違いに移動する。
6) 4人1組のグループで、2)から5)までをやってみる（写真3-6）。

写真3-6　歩きながらシンクロナイズ（筆者撮影）

7) 4人で同じタイミングでシンクロ動作を合わせるようにして移動する（写真3-7）。

写真3-7　4人1組、合っているかな？（筆者撮影）

8) 単純なキーワードの課題を与える。例えば、「回る」動作をさせる（写真3-8）。

写真3-8　回ってみたけど？（筆者撮影）

9) それぞれの4人グループで課題の動きを決めて、自分たちで移動する。
10) 単純なキーワードの課題をいくつか与える。例えば、移動方向を変えるなどをさせてみる。
11) 10)までに積み重ねてやった一連の課題を連続してつなぎ、その流れに沿って行い、完成させる。

12) 入水方法を考えさせる。例えば、水中から、陸上から、ポーズをとってなど、種々の入水方法が考えられる。

13) 最後の決めポーズのアイデアを出し合って決める。

14) 入水から最後の決めポーズまで、一連の作品として完成させる。

15) 全体発表を行う。

発表に当たっては、採点の観点（オリジナリティ、ユーモアなど）を決める。また、発表者側と採点者側とに別れ、それぞれのチームが入れ替わって役割分担し、発表を盛り上げる。最後に、得点成績発表、表彰を行う。プール全体を使うのではなく、短い距離で、一定方向に進みながら行うシンクロのほうが、何度も練習することができて簡単である。小学校や水泳教室などでシンクロをとり入れてやってみるのも、興味を引く企画になる。

3-4 エキサイティングボールゲーム：水球もどき

水球はWater Polo（ウォーターポロ）と言われ、19世紀半ばにイギリスで、水泳クラブのexhibition（一種のショー）として行われていた。水中でのポロ（ウォーターダービー）、水中フットボールへと発展して現在に至ったとも伝えられている。いずれにしても、「水中の格闘技」の代名詞があるように、非常にエキサイティングなスポーツであることには間違いない。水中で激しいボールの奪い合いやポジションどりは、水上からは見えにくいのでわかりにくいが、タフなボールゲームである。しかし、ボールゲームのおもしろさは、陸上でも水中でも変わりがない。

ここでは、そのおもしろさ、楽しさ、そして水の中で自由自在に動き回る世界を体験してみることにする。競技としてのゲームではなく、水泳水中運動の導入段階として展開し、興味をもってもらうことを第一とする。

3-4-1 水球入門編

初めて経験することを前提として、いくつかのローカルな基本ルールと、場所の使い方をあらかじめ決めたり、必要物品（ボール、ゴールの代用品、帽子など）を用意したりする。

以下、実施環境に応じたローカルルールの1例を示す。

1) チーム：全体の人数やコートの広さに応じてグループ分けする。

2) 1チーム最大10人前後、コートの広さは、タテ20m程度、ヨコ12〜15m程度を目安とする。

3) 帽子色別（競泳用キャップでもよい）にチームを結成する。全体で4チーム程度が適正である。

4) ボール：水球用があればベストだ。なければ代用品を用いる。2個程度あればよい。

5) 水球ゴール：代用品としては、水球簡易ゴール、ポートボール形式、カゴなどがあれば

よい。

6) 1回の実施時間などに合わせて、トーナメント戦や敗者同士、勝者同士の対戦を実施する。
7) ゲーム時間は5分前後の通しタイムをサイドチェンジで2クォーター（回）とする。

3-4-2　ローカルルール

簡単なローカルルールを状況に応じて作り、楽しくゲームができるようにする。例えば、以下のように行えばよいだろう。

1) 場所、時間、施設、設備、用具、対象（子どもから大人）に合わせてルールを決める。
2) 基本的には浅いプールで、足を着いてプレイしてもよい。
3) ゲームの開始は、双方エンドラインから泳いでセンターでボールを奪い合う（写真3-9）。

写真3-9　ゲームの開始（Center Ball）（筆者撮影）

4) ボールの操作は、男子は片手、子ども＆女子は両手でOKとし、ハンディありとする（写真3-10）。

写真3-10　ボールは両手でもOK（筆者撮影）

5) 得点：男子はゴールすれば1点、女子は3点などのハンディをつける（写真3-11）。
6) 歩いてボールを運ぶのは反則とし、敵ボールとする。
7) オフサイドは原則なしとする。コーナースローはOKである。
8) 1mルール：女子などがボールをもっているときは、男子は1m以上離れる（写真3-12）。

写真3-11 子ども＆女子にはルールを甘く（筆者撮影）

写真3-12 男子にはルールを的確に（筆者撮影）

9) ゲームの再開：双方自陣センターラインまで戻り、得点された側がボールインとする（写真3-13）。

写真3-13 ゲームを再開！Yeah！（筆者撮影）

10) ジャッジは指導者が行い、反則があったときは攻撃する向きへ手をかざす。
11) 反則：進路を妨げたり、ラフプレイをしたりした場合は、間接フリースローさせる（直接ゴールはなし）。
12) その他：適切にゲームを進めるために、指導者が適宜ローカルルールで対応する。

おおよそ、このようなやり方と状況に合わせたローカルルールを作って、円滑にゲームを進めるとよい。チームプレイやみんなで楽しめるように、お互いが協力し合うことが大切である。

また、ゲームの運営、例えば、ボール拾い、得点カウント、応援などでゲームを盛り上げる役割分担をあらかじめ決めておくことも大切である（写真3-14）。

写真3-14　ゲームを盛り上げる（筆者撮影）

■参考・引用文献

合屋十四秋ら「水泳基本動作「けのび」の横断的および縦断的追跡研究」、『第18回日本バイオメカニクス学会大会論集』（2005年）、194〜195ページ。

土居陽治郎・小林一敏「けのびのモデルによる解析」、『東京体育学研究』Vol.12（1985年）、115〜118ページ。

野村照夫「子どもとスイミング」、『子どもと発育発達』Vol.2、No.1（2004年）、8〜12ページ。

合屋十四秋ら「初心者、熟練者及びエリート選手のけのび動作と力発揮の横断的検討」、『愛知教育大学研究報告』Vol.59（2010年）、19〜27ページ。

第4章　よりスマートに、より楽に泳ぐには

4-1　どの泳ぎの種目から学ぶか？　教えるか？

　水中運動は競泳的発想にもとづき、水平移動のみの運動としてしか展開されていないことが多く、諸外国でもその例にもれない（松井、2011）。現在の水泳指導の内容は、学習指導要領（2011年度）にも見られるように、バタ足から始まり、25mクロール完泳という図式がほとんどである（合屋、2014）。なぜ小中高等学校を通してクロール→平泳ぎ→背泳ぎ→バタフライの順に教えるのか、児童・生徒の発育発達、能力達成度および科学的なエビデンスをもとに、安全かつ、効果的、体系的な説明は見られない（表4-1）。

表4-1　学習指導要領の変遷（小学校水泳の内容：筆者改変）

	1,2学年	3,4学年	5,6学年
1968年	水中歩・走行 顔つけ・口&鼻から息を吐く うつ伏せで這う・伏し浮き	浮く・沈む・立つ 面かぶり&息つぎクロール 平泳ぎ&カエル足・立ち飛び込み	クロール・平泳ぎを長く 長く速く泳ぐ さか飛び込み・潜水
1977年	水中歩・走行 顔つけ・口&鼻から息を吐く 伏し浮き	浮く・沈む・立つ 面かぶりクロール・平泳ぎ 息つぎクロール・カエル足平泳ぎ	クロール・平泳ぎを長く 長く速く泳ぐ 飛び込み・潜水
1989年	基本の運動：水遊び	水泳：クロール，平泳ぎ，（スタート） 続けて長く	水泳：クロール，平泳ぎ，（スタート） 続けて長く 飛び込み・潜水
1998年	基本の運動：水遊び	基本の運動：浮く，泳ぐ 水泳：クロール，平泳ぎ(4学年) 続けて泳ぐ	水泳：クロール，平泳ぎ(背泳ぎ) 続けて長く
2011年 授業時数 10% Up	基本の運動：水遊び 水に浸る，移動，潜る， 浮く，息を吐く 遊び方の工夫，安全	浮く・泳ぐ運動 さまざまな浮き方，けのび 補助具　初歩的な泳ぎ（呼吸あり） 自分に適した課題と工夫	水泳：クロール，平泳ぎ(背泳ぎ) 水中からのスタート 続けて長く 記録への挑戦

　実際、日本人の学生は、可泳距離でニュージーランドの学生にかなり勝るが、浮漂能力や水深2mへのサーフェスダイブ（水面からの潜り込み）や背泳ぎ・潜水の能力はかなり低い。種目別ではクロールあるいは平泳ぎは日本の学生が長く泳ぐことができている（合屋、2011）。これは、その課題が学習指導要領の内容そのものであり、わが国の教育の成果をよく反映しており、

学習指導要領にないようなサーフェスダイブや潜水、あっても取り扱いの少ない背泳ぎ等はあまり得意ではないのが現状である（2011、松井）。

4-2　呼吸法が先か？　泳ぎ方が先か？

　これまでに、子どもや初心者の実態とその対応から呼吸法の重要性を考えて、「ドル平泳法」から導入する順序性が提案されてきた（学校体育同志会、1972）。また、江橋（1969）によってフレッド・ラヌーの「溺れないための水泳技術」が紹介され、内外を問わず、水泳の技能習得に「呼吸法」は非常に重要な位置を占めていたことがわかる。佐野（1977）は「水泳観や水泳指導の目的の違いを理論的に整理し、水泳運動におけるどのような技術単位を、どのような指導順序で教えていったらよいのか、技術指導の系統性や順序性の確立」を求めている。宮畑（1988）は、50年にわたる初心者指導の経験、調査測定結果から、下向き姿勢の泳ぎ（クロール、平泳ぎ）、および上向き姿勢の背泳ぎを並行して行わせる方式を提言・実践している。

4-3　実際の指導現場では何をどの順番で教えているか？

　実際の小学校水泳指導現場において、鈴木（1985）は、伏し浮きと背浮きおよび息つぎの習得後、面かぶりクロール・初歩の背泳ぎ・平泳ぎの同時進行を経て、息つぎクロールへと結びつける方法を実践している（表4-2）。

表4-2　小学生の指導体系（鈴木（1985）より筆者改変）

内容＼学年	1年生	2年生	3年生	4年生	5年生	6年生
学習内容	水遊び	伏し浮き→立ち方	面かぶりクロール	初歩の背泳ぎ	クロール息つぎ	クロール
	歩・走・潜る	けのび	背浮き	初歩の平泳ぎ	背泳ぎ	背泳ぎ
	浮く（支持あり）	背浮き	チョウチョウ背泳ぎ		平泳ぎ（ドル平可）	平泳ぎ
重点項目	1)最初の泳ぎを修得する時期　　2)細かい動作よりまず泳げること					得意種目100m完泳

　筆者も、1975年代にスイミングクラブでのカリキュラムに行き詰まりを経験した。それは初心者指導、特にバタ足から始まり25mクロール完泳に至る段階であった。幼児クラスから上級クラス（100m個人メドレー達成）までの技能習得の系統は、当初は大きく分けて、1）伏し浮き、2）背浮き、3）けのび、4）バタ足、5）面かぶりクロール、6）クロール25m、7）背泳ぎの順であった。ここで問題となったのは、子どもたちにとって面かぶりクロールは15m付近が限界であり、そこから息つぎをしながら25mまで達成させるのに相当なレッスン時間を要し、つまずきの大きな原因となっていた。

52　　第4章　よりスマートに、より楽に泳ぐには

4-4 楽に進むこと＋すぐ呼吸ができること＋すぐに泳げること

そこで、呼吸法と水中を楽に進むことを同時にマスターしながら効率的に泳ぎを早く覚える1つのモデルとして、以下のような指導の順序を提案したい。

1) 仰向け姿勢で息つぎが容易な背浮きから25m背泳ぎを経由する。
2) 次に25mクロール泳へとつなげる泳法指導に変更する。
3) 結果として、呼吸動作の獲得に要する時間の短縮が可能になる。
4) 背浮きでの心理的不安を十分に取り除く指導や、段階を追って仰向けから初歩的な背浮きでの移動を習得すれば、手のかきに合わせたリズミカルな息つぎができる（宮畑、1988）。
5) 上記の流れから、次にマスターする技術としてバタフライを実施する。
6) その次に平泳ぎの泳法指導を行う。クロールの練習内容にドルフィンクロールを取り入れ、手のかきと呼吸、手足のコンビネーションなどを習得させるねらいを設定する。
7) その流れで、技術要素の連続性、関連性をクロールとバタフライ泳とに組み入れる。
8) 最後に、カエル足および、手足を動かすタイミングをマスターするのが難しい平泳ぎを競泳4種目の最終段階に設定する。

このような4種目の泳法技術習得過程モデルの展開と合わせて、足の着かない水深での垂直方向の浮きの指導を含めれば、1つの系統的、実践的水泳水中安全指導法として、有効かつ有意義なモデルになると思われる。つまり、次のような流れを系統的、実践的技術習得モデルと位置づけたい。
　1) 浮き（伏し＆背浮き）→　2) けのび→　3) バタ足→　4) 面かぶりクロール12m〜15m→　5) 25m背泳ぎ→　6) 25mクロール→　7) 25mバタフライ→　8) 25m平泳ぎ、となるが、でき得れば、すべての習得過程に中に、垂直方向（深い水深）への対応能力と知識も取り入れて、生活に密着した溺れないための技能習得が望ましい。

4-5 背浮きからエレメンタリーバックストロークへ

ある程度、うつ伏せ姿勢、仰向け姿勢、けのびなどの基本的なことができるようになったら、泳ぐ技術を習得する前に、自分の命は自分で守るサバイバルテクニックとしてのエレメンタリーバックストローク（初歩的背泳ぎ）にチャレンジしてみよう。

そのためには、まず、背浮きで浮くこと（Float）から浮き続けること（Floating）をマスターする必要がある。その後、初歩的な背泳ぎ（エレメンタリーバックストローク）に移行する。ステップ・バイ・ステップで段階を追ってバディといっしょに観察し、教え、教えられながら進めていくのがベストである。

以下のような順序で、1つ1つなぜこの動作をするのかを理解しながらやってみると、意外と早くマスターできる。

4-5-1　背浮きの浮く（Float）から浮き続ける（Floating）へ

まず、準備動作として次のドリルを行う。

1) 2人1組のバディで1人が背浮き、1人が補助する。両手は「気をつけ」姿勢をとり、腰を水平に伸ばす（写真4-1）。

写真4-1　気をつけ姿勢（筆者撮影）

2) 姿勢が安定したら、補助は相手の腰のあたりに移動して、両手または片手で支える（写真4-2）。

写真4-2　腰を伸ばす（筆者撮影）

3) バディは「アゴを引いて！　腰を伸ばして！」と指示を出し、水面と平行になる姿勢を安定させ、同時に不安も和らげるようにする。
4) この姿勢から両手を肩の横から頭の上へと水中をゆっくり移動させ、バンザイのポジションをとる。
5) 姿勢が安定したら、両手首を曲げて水面上に出す。この間、息を吸ったり吐いたりして、できるだけ体幹を水平に保つようにする。
6) 次に、肘を曲げ、同時に、両足のかかとを身体の中心部へと近づけるようにして膝も曲げる（写真4-3）。
7) この状態で息を吸って、止めて、吐いてをしながら、安定した姿勢を保つ。
8) 息を一杯吸った後、息を止めて、最も浮きやすい姿勢が保てたら、補助の人はゆっくりと

写真 4-3 肘、膝を曲げる（筆者撮影）

手を離して、仰向きの姿勢で浮き続けさせる（写真 4-4：完成形）。

写真 4-4 完成形（筆者撮影）

9) 浮いた姿勢ですばやく息を吐いて、すばやく息を吸って、すばやく息を止めると、沈まないでずっと浮き続けることができる。女性の場合は非常にうまく浮くことができる。
10) 男子の場合は、女子に比べ比重が大きいので浮きにくいが、口と鼻だけを水の上に出して浮き続けることが可能となる。

4-5-2　エレメンタリーバックストロークのやり方とポイント

　背浮きで浮き続けることができたら、手と足の動きを加えて前進するエレメンタリーバックストロークに発展させる。基本的には、背浮きのボディポジションがうまくとれるか否かができばえを左右することになる。
　また、続けてゆっくり移動するため、息つぎを手足の動きに合わせてタイミングよくリズミカルに行うことが大切である。
　以下のおおよその要領に合わせて、一連の動きのイメージ作りをやってみる。

1) 足は前後に開いてゆっくりと身体を後ろに傾け、最後に片方の足で底をける。あまり勢いをつけすぎると水しぶきがあがって、鼻に水が入ってしまう原因になるので気をつける。
2) 足の動かし方は2通りある。軽くバタ足で推進する方法と、平泳ぎのように仰向け姿勢でカエル足で進む方法である。

3) 手のかきも2通りある。両手を頭の上から腰まで同時に水面と平行にかく方法と、腰の横で手のひらをヨコ8の字に動かすスカーリング動作で進む方法である。

カエル足での初歩的な背泳ぎは少し難しいのでここでは省略するが、身体が沈まないよう、また鼻に水が入らないようになると推進力の大きい泳ぎ方になる。

そこで、足のけりはバタ足で、手は腰の横で手のひらをヨコ8の字に動かすスカーリング動作で進む初歩的な背泳ぎを行う。波が立たず、安定した姿勢がとれる泳ぎ方である。

写真4-5から写真4-12の順序で、その要領をイメージしてみる。

写真4-5 プールの底をけってスタート（筆者撮影）

写真4-6 背浮きへ（筆者撮影）

写真4-7 手のひらを腰へ（筆者撮影）

写真4-8　手の甲を上に（筆者撮影）

写真4-9　手のひらを外側へ向ける（筆者撮影）

写真4-10　手のひらを身体の外へ押す（筆者撮影）

写真4-11　手のひらを内側へ返す（筆者撮影）

写真4-12　手のひらで後ろへ押す（筆者撮影）

上達のポイントは、背浮きのポジションを安定して保つこと。つまり、腰が全体的に逆「へ」の字にならないことが大切である。また、手足をゆっくり動かせば安定して進むので、適宜タイミングを見つけ、「パフッ」とすばやく息を吐けば、呼吸反射で自然と息が吸える。同時に、一定の「リズム」で呼吸することが重要である。

4-6　Scientific Tips 6：背泳ぎの動作発達

4-6-1　背泳ぎ動作の特徴を分類する

水泳運動では、陸上運動の複数のキーカテゴリー（宮丸、1989）ではなく、すべての泳法の基本となるボディポジションを単一のキーカテゴリーとして設定、分類している。

ここでは、子どもの背泳ぎの動作パターンを例にとって観察、評価することにより、動作発達獲得パターンの様相を見てみる。この動作の発達段階がわかると、教材のカリキュラムや指導およびコーチングなどの組み立てに役立てることができる。

被験者は、小学生児童43名（男25名、女18名）と中学1年生76名（男45名、女31名）、男女合計119名を対象とした。11mの距離を背泳ぎにて全力で泳がせ、水中側面・水上側面の2方向より8mmデジタルカメラによって撮影した。動作の観察、評価は先行研究（合屋ら［1992］、合屋［1996］）を参照し、各パターンをキーカテゴリーおよび動作カテゴリーによって類型化した。動作カテゴリーは、ボディポジション・キック動作・プル動作・タイミング・ローリングの5つとし、タイミングは両手のかきとリカバリー動作が適切に合っているか否かを判断した。また、ローリングは上体のひねりを上手に使って、手のかきの推進力に貢献しているか否かを判断した。被験者の月齢を用いて、1）泳タイム、2）ストローク数、3）泳速度、4）1ストロークにかかる時間（以下PT）、5）1ストロークに進む距離（以下PD）との関係を分析した。

4-6-2　うまい・へたを見分けるパターン分け？

図4-1にパターン分け（タテ列）に該当する各カテゴリー番号の組み合わせを、表4-3に各パターン（タテ列）の動作カテゴリーに相当する具体的特徴を記述した。その結果、各パターンの出現率は、男女全体では、パターン1が10.9％、パターン2が35.3％、パターン3が24.4％、パターン4が23.5％、パターン5が5.9％であった。パターン1と2がほぼ50％近くを占めていた。クロールではパターン1と2の合計がほぼ50％（合屋ら、1992）、平泳ぎのそれは40％強であったと報告されている（合屋、1996）。背泳ぎとクロールおよび平泳ぎ全体では、パターン1とパターン2はおおよそ50％前後の出現率の範囲となり、児童・生徒の3種目の泳能力は、ほぼ半数がこの習熟レベルの段階にあることが判明した。背泳ぎのパターン5の出現率5.9％は、クロールおよび平泳ぎに比べて約4分の1程度と非常に少なかった。

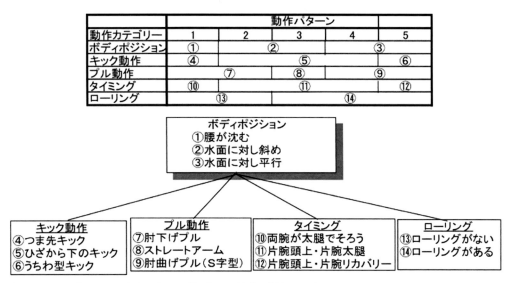

図4-1 パターン分けのための各カテゴリーの組み合わせ（出典：合屋、2005）

表4-3 パターン別の動作カテゴリーの特徴（出典：合屋、2005）

パターン 動作カテゴリー	1	2	3	4	5
ボディポジション	水面に対して腰が沈む	やや斜め	やや斜め	やや水平	水平
キック動作	つま先キック	自転車こぎキック	膝屈伸キック	膝屈伸キック	うちわ型キック
プル動作	グライドがない	グライドがない	グライドがややある	グライドがややある	グライドがある
	ストレートアームプル	ストレートアームプル（肘下げプル）	ストレートアームプル（手の向きが水面に対して平行）	肘を曲げて水を押す	肘を曲げて水を押す
タイミング	両腕が太腿でそろう	片腕が頭上にある時、片腕が太腿にある	片腕が頭上にある時、片腕が太腿にある	片腕が頭上にある時、片腕が太腿にある	片腕が頭上にある時、片腕はリカバリーしている
ローリング	ローリングはない	ローリングがややある（片方）	ローリングがややある（両方）	ローリングがややある（両方）	ローリングがある

4-6-3 ボディポジションの違い

ボディポジションの姿勢を比較してみると、パターン1では腰が沈み、水面に対して斜めに沈んでいる体勢から、パターン5では体幹が水面に対してほぼ平行となった（写真4-13）。パターン1と2のボディポジションの共通点は、足を真下にして身体が垂直方向に立った姿勢が特徴である。この点は、息つぎ動作と合わせて動作改善のキーポイントとして指摘されていることからも理解できる。また、水中でのボディポジションの動きを認識し、その姿勢を的確に保つことの困難さも指摘されている（合屋ほか、2012）。

このことは、運動プログラムのパラメーター、すなわち、目標となる動作に対して、どの身

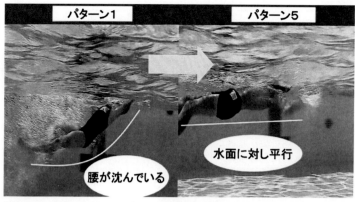

写真4-13 ボディポジションの違いと姿勢の特徴（出典：合屋、2005）

体部分を使い、どれだけの力と時間とをかけて動作を行うかの指標となる。

4-6-4 キックの違い

　背泳ぎのキック動作は、クロールの姿勢を180度反転した姿勢となる。クロールのキックの特徴は、自転車こぎキックからムチ動作キックに向上するにしたがって、ボディポジションは垂直に立った姿勢から水平に近いフラットな姿勢となる（合屋、1992）。今回の背泳ぎでは、パターン1のつま先が水面に対して垂直なキックから、パターン5の「うちわ」を扇ぐようにしなやかなキックへと変化していた。クロール・平泳ぎと同様に、水中での仰向けの不安定な垂直に近い姿勢から、アゴを引いて腰を伸ばした水平に近い姿勢変化となった（写真4-14）。

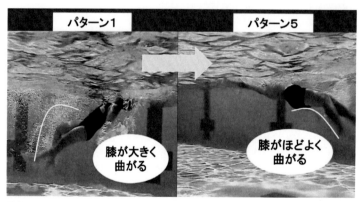

写真4-14 キックパターンの違いと動作の特徴（出典：合屋、2005）

4-6-5 手のかきは視線に入らない

　プル動作の違いと特徴とを写真4-15に示した。パターン2では水面に垂直なストレートアームに対し、パターン3では水面と平行に肘を伸ばしたストレートアームであった。パターン5では前半のキャッチと後半のプル動作が形成され、手のひらはS字状を描いた完成形に近づいている。最終的にはパターン5に代表されるような、手のひら、前腕および上腕を巧みに使って、

水を後方へと押し出す効率的な動きへと変わっていく。

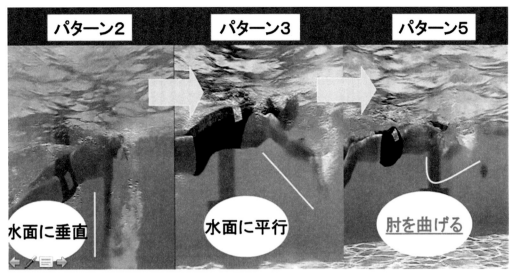

写真4-15　手のかきのパターンと動作の特徴（出典：合屋、2005）

　背泳ぎのプル動作では、泳者が自分自身の手の動きをほとんど目視できず、腕を頭上から体側へS字状に回す動きとなる。また、手のかきのタイミングや上体のローリングなどは、クロールに比べて技術獲得の難易度が高くなる。

　これは、背泳ぎのパターン5の出現率が5.9％、クロールが18.1％、平泳ぎが21.3％であったことからもうかがえる。背泳ぎの動作獲得のクリティカルポイント（転換点）になると思われる。

4-6-6　各動作パターンと泳タイム、泳速度、1かきに要する時間（PT）および1かきで進む距離（PD）

　各動作パターンの泳タイム、ストローク数、泳速度、PTおよびPDはそれぞれ次のようであった。

　パターン1は平均泳タイム17.3±4.8秒、平均ストローク数16.8±6.5回、平均泳速度0.68±0.18m/秒、平均PT：1.10±0.25回/秒、および平均PD：0.76±0.31m/回。

　パターン2は平均泳タイム12.6±3.0秒、平均ストローク数13.4±3.1回、平均泳速度0.92±0.22m/秒、平均PT：0.96±0.23回/秒、および平均PD：0.87±0.21m/回。

　パターン3は平均泳タイム9.6±1.7秒、平均ストローク数10.4±2.5回、平均泳速度1.18±0.19m/秒、平均PT：0.95±0.19回/秒、および平均PD：1.12±0.23m/回。

　パターン4は平均泳タイム8.9±1.1秒、平均ストローク数10.4±2.3回、平均泳速度1.26±0.16m/秒、平均PT：0.88±0.16回/秒、および平均PD：1.11±0.21m/回。

　パターン5は平均泳タイム7.6±0.8秒、平均ストローク数9.0±0.9回、平均泳速度1.47±0.17m/秒、平均PT：0.86±0.10回/秒、および平均PD：1.25±0.13m/回であった。

　泳タイムは、パターンの上昇に伴い速くなり、ストローク数は減少していた。

以上のことから、児童・生徒の背泳ぎの能力は、おおむね動作パターンの発達に伴ってPDが増加して泳タイムが短縮され、適切な働きかけが個々になされたときのみに発達していく（合屋ら、1993）。これは、性差や年齢に関係なく同じであり（月齢とPT：相関なし）、練習やトレーニングを行ったときのみ上手に速く泳げるようになる。

一方、泳速度とPT、泳速度とPDとの間には有意な相関が見られた。このことから、泳速度を向上させているのは、PT（1かきに要する時間）を短くすることと、PD（1かきで進む距離）を長くすることである。同様に、クロールや平泳ぎでも、PTとPDの増大は初心者レベルの泳運動のできばえを左右する。パターン3から4にかけて泳速度が約1.2m前後で若干の停滞が見られることから、このレベル付近が泳ぎ方の質的変化が出現する段階と考えられる。つまり、手のかき方やタイミング、および上体のローリングなどが複雑化、洗練化され、PTとPDの増加につながると思われる。

4-7　1時間で覚える背泳ぎのドリル

4-7-1　エレメンタリーバックストロークから背泳ぎへ

次の5点がコア（核）となる柱である。

1）陸上での手のかき、足のけり、息つぎ、タイミングのシミュレーション。
2）短い距離（10m～15m程度）を歩いてドリル＆泳いでドリル。
3）意識するスキルポイントを1つだけ焦点を絞る。
4）相手のバディにできばえを観察、アドバイスしてもらう。
5）新たな課題（意識するスキルポイント）を見つけてドリルを繰り返す。

これは、初歩的な泳法として位置づけられ、展開されている、いわゆる「イカ泳ぎ」、「チョウチョ泳ぎ」、「エレメンタリーバックストローク」を習得させ、水泳の導入段階から泳ぎへの中間的段階を設定することができる。浮き方には、うつ伏せ、仰向け、垂直といくつかの方向性があるので、できれば初心者の段階からこのような姿勢のとり方のバリエーションを経験させたい。これが各種泳法に展開されるときの基本姿勢となるからである。泳法指導では、よくこの「中間的段階の泳ぎ（または浮き）」が割愛され、完成型の技術指導へと進むことが多い。

エレメンタリーバックストロークのメリットとしては、

1）呼吸の確保が比較的容易にできること。
2）サバイバルスイミングテクニックとして有効であること。

デメリットとしては

1）心理的に非常に不安が生じる。

2）鼻から水が入りやすく、いやな思いをしやすい。

　しかし、一度この要領を覚えると、足がつかない深いところでも呼吸を確保しながら安全なところまで移動することができる。

　次に背泳ぎの完成形へと進む。手のかきや足のけりなどの部分練習、および手足のタイミングと息つぎなどのコンビネーションを習得する。基本的には、2人1組のバディで行うとよい。特に、手のかきは自分自身で泳いでいるときにはまったく視界に入らないので、他人に見てもらいながらチェックすると上達が速い。背浮きから初歩的背泳ぎを経て、完成形までの段階的ドリルの概略は次の通りである。

1）背浮きで浮くこと（Float）から浮き続けること（Floating）をマスターする。

2）足のけりはバタ足で、両手を水中に入れたまま腰から頭の上に上げて移動する。

3）2）の姿勢を保って、両手を水面と平行に腰までかく、初歩的なバタ足背泳ぎを行う。

4）3）の泳ぎで両手を頭まで上げるときに息を吸って、手をかくときに息を吐く。

5）4）の泳ぎの両手かきを片手ずつかいて、かき終わったときにパッと息つぎをする。

6）5）の泳ぎを短い距離（約10m）で、意識するポイントを変えて数回繰り返す。

7）6）ができたら、両手を交互に水上に抜き上げて、完成形にチャレンジする。

8）手のかきを80％、キックを20％の割合でゆっくりとしたリズムとテンポで泳ぐ。

9）手足の動かし方のタイミングに意識を置いて、その動きに合わせて息つぎを行う。

10）ボディポジションが崩れないような姿勢を保持して、リズミカルに呼吸をする。

　背泳ぎを1時間でマスターするには、仰向けに浮くことと、浮き続けることができるかどうかが重要である。また、1）大まかな動作から細かい動作へ、簡単な課題から複雑な課題へ、2）ゆっくりした速度から変化をつけた速さへと段階的にステップを踏む、ことが大切である。さらに、3）自分のできばえを他人に見てもらい、自分の感覚との食い違いを少しずつ縮めていくことが上達へのカギになる。

　このルーティンをしっかりと頭の中に入れておき、練習やレッスンの内容を1つの流れとして、約30分程度で終了することが目標である。準備運動やクーリングダウン（整理運動）などを含めると、1時間程度の実施内容向きと言える。練習時間の状況に合わせて30分を2回繰り返して実施してもよい。トータルで5〜6回で完結する短期習得型から、10から15回で終了する長期習熟型へとアレンジできる。

　また、4種目泳法の練習を1通り終了してから、再度復習の2回目として展開する方法も考えられる。達成度の状況やスキルの安定度を考慮して、適切にプログラムを構成する方策を選択することが、上達、指導への近道となるであろう。

4-7-2　基本的な技術の部分練習

　エレメンタリーバックストロークをマスターした後、背泳ぎの基本的な動作を、1）ボディポジション、2）キック動作、3）プル動作、4）タイミング、5）ローリングに分けて部分ごとに練習してみる。

　これは、すぐに完成形の泳ぎ方をマスターするには、手足の動作やタイミングなどを協調させる難しさがあるからだ。ボディポジションは、本章4-5-2で再確認し、進めるとよい。

（1）陸上でのドリル

　水中で練習する前に、陸上で泳法全体や手足の動き、およびタイミングなどのイメージ作りが有効である。実際に水中に入ったときには、自分の手足の動作を的確に観察することはなかなかうまくできない。ゆっくりとした動きのシミュレーションを行って、身体を前進させるための有効な手のかきや、足のけり、手足のタイミング動作を覚える。

　キック動作は、写真4-16、写真4-17のように、少し足首を内側に曲げて足の親指同士が触る程度にする。これは足の甲で水を捉えて、水を足先の方向へ送り出すような動きである。

　また、水中でのキックの様子は、写真4-18～写真4-19に示した通りである。

写真4-16　足先の構えと向き（筆者撮影）

写真4-17　けるイメージ（筆者撮影）

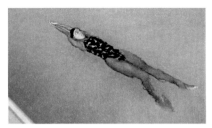

写真4-18　ダウンキック（右足）：（筆者撮影）

写真4-19　アップキック（右足）：（筆者撮影）

（2）水中での手のかき

　プル動作の手のかきは、少し複雑で難しい動きをしている。単純に考えるとクロールの手のかきの逆のような気がするが、身体全体を頭の方向へ推し進めるための合理的な動きとなっている。水中での手のかき方は、写真4-20〜写真4-25に示される通りである。

写真4-20　手のひらで水をキャッチ（筆者撮影）

写真4-21　肘から先の前腕のプル（筆者撮影）

第4章　よりスマートに、より楽に泳ぐには　65

写真4-22　手のひらを返すプッシュ（筆者撮影）

写真4-23　手のひらを腰まで（筆者撮影）

写真4-24　プッシュ終了（筆者撮影）

写真4-25　小指の先からの出水の準備（筆者撮影）

初歩的な背泳ぎでスカーリング動作を学習したが、これときわめて共通する動きが含まれる。特に手のひらの使い方は、水をキャッチしたり、身体の外側や内側に水を押したりする感覚が同じである。

　手をかき出すときの反対側の手の位置とのタイミングを見てみよう。

　陸上では、立位姿勢または仰向け姿勢でそのポーズをとってみる。イチ、ニィ、イチ、ニィと交互に手を動かす。イチで手のひらを頭に、ニィで手をかき始めるタイミングとなる。写真4-26～写真4-29の水中の動きと合わせて動きを組み立て、実際に水中で試してみる。写真4-28の右手のプッシュ開始時と、左腕の位置関係が両手のタイミングとして合っている状態となっている。

写真4-26　右手のキャッチ（筆者撮影）

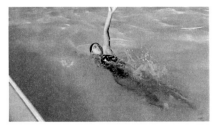

写真4-27　右手のプルの始め（筆者撮影）

写真4-28　右手がプッシュに向かう（筆者撮影）

写真4-29 右手のプッシュ後半（筆者撮影）

4-7-3 コンビネーションの練習

　4-7-1項と4-7-2項の背浮きポジションと、手足の動かし方の基本的な技術をおおよそ習得したら、手をかくタイミングやそれに合わせた息つぎの練習をする。そのタイミングとリズムは、片方の腕を頭上に上げるときに「イチ」、手をかき始めるときに「ニィ」と声をかけながらやってみるとよい。写真4-26～写真4-29の4つの局面がポイントとなる動作なので、他人にチェックしてもらいながら練習する。

　背泳ぎのコンビネーションの基本となるのは、やはり背浮きのポジションが最も大切なので、この動作を習得する時間を多めにとりたい。

4-8　Scientific Tips 7：背泳ぎのターン

　背泳ぎのターン動作は、手を壁についてその反動を使って身体を進行方向と反対側に向きを変え、両手をそろえてから壁を足でけって行うサマーソールトターンが初歩的なレベルでは多用される。

　ここでは、よりスマートに、すばやくターンできるクイックターンの仕組みについて考えてみる（写真4-30）。

写真4-30　上級者のクイックターンの様子（筆者撮影）

4-8-1　上手なターンと下手なターン

　図4-2に、女子の上級者（Trained）と女子の初級者（Untrained）のクイックターンを水中から撮った画像と重心の軌跡とを示した。タテ軸に垂直方向の距離が、ヨコ軸に水平方向の距離

がとってある。点線が上級者の、実線が初級者の重心の移動軌跡を表している。

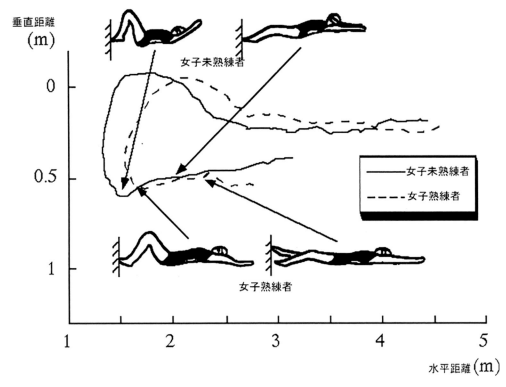

図4-2　女子上級者と初級者の背泳ぎターンの重心移動軌跡（出典：Goya, et al., 2001）

　重心を求めた理由は、ターンの最中、回った後に身体が水底方向にどのくらい落ちているのか、いないのかを見るためである。つまり、これによって、指導するときによく言われる「腰が落ちている」のを見分けられるからである。図中の泳者のフォームは、足が壁に着いたときから離れるまでの様子である。

　まず、初級者の水平方向の重心位置は、上級者に比べて壁により近く接近しており、それに対して、上級者は壁からの距離が遠い位置からターンを始めている。

　次に、腰が上下にどの程度落ちているかを見てみると、初級者は上級者に比べ、回り始めに腰が高く上がり、足が着いたときには腰がより下方へ落ちていることが見てとれる。すなわち、ターンに入るときに壁の近くまで泳ぎ、ターンするときは「ドッコイショ」と腰をもち上げ、回った後はプールの底のほうへ深く落ち、けり上げる方向は斜め前方であった。

　上級者は、遠くからターンの始動を始め、できるだけ腰の高さを低く保って、水平姿勢で着地し、そのまま水平方向にけり出している。このことが、無駄のない「スムース」で「すばやい」クイックターンの秘訣であろう。

4-8-2　壁をける力の大きさ・速さ・方向

次に、図4-3に、壁をけったときの力の大きさを見てみる。タテ軸に力の大きさ（1000N＝約100kg）、ヨコ軸に時間（秒）が示してある。実線が上級者の、点線が初級者の力発揮の曲線である。

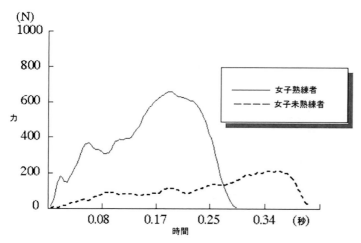

図4-3　女子上級者と初級者の背泳ぎターンの力発揮の様相（出典：Goya, et al., 2001）

当然のことながら、上級者の最大値は60kg以上（ほぼ体重と同じくらい）と初級者の20kg弱に比べて、ほぼ3倍もの差があった。十分に力強く壁をけっていたことがわかる。

また、どのくらいの時間、壁をけっていたかについて、ヨコ軸の時間経過を見てみると、上級者が短い時間であるのに対して、初級者はそれより長くなっていた。

壁をけるときには「すばやく」かつ「大きな力で」「タイミングよく」「水平方向に」けることが要求される。しかし、初級者にはそれほどの余裕がなく、回ることで精一杯であるため、短時間に指導者の要求水準に合わせた動作や力発揮がまだ備わっていないことが明らかになった。これらの仕組みをよく理解し、実際の練習に活かしていくことが望まれる。

■参考・引用文献

フレッド・ラヌー著、江橋慎四郎訳『溺れないための新しい水泳技術』、（泰流社、1969年）。

学校体育同志会編『学校体育叢書 - 水泳の指導』（ベースボール・マガジン社、1972年）、9〜10ページ。

Goya, T., et al.「The turning motion and forces involved in the backstroke flip turn」、In：Blackwell, J.R. and Sanders, R.H.（Eds.）『Proceedings of Swim Sessions, XIX International Symposium on Biomechanics in Sports』University of San-Francisco（2001年）、87〜90ページ。

合屋十四秋ら「クロール泳動作の発達」、『第11回日本バイオメカニクス学会大会論集』（1992年）、286〜291ページ。

合屋十四秋ら「発育発達にともなうスポーツパフォーマンスの変容に関する縦断的研究＝一卵

性および二卵性双生児1組ずつの事例=」、『デサントスポーツ科学』Vol.14（1993年）、151～168ページ。

合屋十四秋ら「背泳ぎの動作様式の発達とその評価」、『第56回日本体育学会発表資料』（筑波大学、2005年）。

合屋十四秋「平泳ぎ泳動作の発達とその評価について」、『愛知教育大学研究報告芸術・保健体育・家政・技術科学編』Vol.45（1996年）、11～16ページ。

合屋十四秋「水泳研究・教育事始め =swimming for all をめざして=」、『愛知教育大学保健体育講座研究紀要』Vol.38（2011年）、41～53ページ。

合屋十四秋ら「水泳および水中安全能力の実際とその認識」、『愛知教育大学研究報告』Vol.60（2011年）、35～46ページ。

合屋十四秋ら「双対尺度法によるけのびの感覚情報動作認識と力発揮情報との関係」、『愛知教育大学研究報告』Vol.61（2012年）、27～35ページ。

松井敦典「命を守る「安全水泳」の視点から水泳教育を問い直す」、『体育科教育』Vol.59、No.7（2011年）、18～21ページ。

宮畑虎彦『私の泳ぎ』（不昧堂出版、1988年）、203～220ページ。

宮丸凱史「幼児の跳動作の発達と評価に関する研究」、『体育科学』Vol.17（1989年）、66～76ページ。

佐野裕「水泳指導法覚書」、『横浜国立大学教紀要』Vol.17（1977年）、130～157ページ。

第5章　より速くよりスムーズに泳ぐ：スマートなクロール

5-1　進むことに重点を置いたクロール泳へ

5-1-1　泳法矯正（ストロークドリル）と観察力を磨く

　クロールの練習もバディを組んでお互いが交互に泳ぎを確認して教え合う（写真5-1）。例えば、片道10〜15m程度を半分ずつ交互に泳ぐ方法もある。泳いでいないバディは水に潜って、相方の水中での泳ぐフォームを観察し、アドバイスする。

写真5-1　バディ同士で教え合う（筆者撮影）

　第4章の背泳ぎと同じ5点のコア（核）となる柱は以下の通りである。

1) 陸上で、手のかき、足のけり、息つぎ、タイミングのシミュレーションを行う。
2) 短い距離（10m〜15m程度）を歩いてドリル＆泳いでドリルを行う。
3) 意識するスキルポイントを1つだけ焦点を絞る。
4) 相手のバディにできばえを観察、アドバイスしてもらう。
5) 新たな課題（意識するスキルポイント）を見つけてドリルを繰り返す。

上記の内容の具体的なポイントは以下の通り。これらを状況に合わせて展開する。

1) 指導者は足の動きや、手の動き、呼吸方法を簡潔に、ポイントを押さえて説明する。
2) 以下のドリルはすべてバディ同士で観察し、確かめ、教え合って交互に練習する。
3) 泳ぐスピードは重視しない。動き作りをねらいとし、動作の手順を覚える。
4) 初歩的な浮く、沈む、ボビングができていることを前提としてドリルを進める。
5) 単純な動きから複雑な動きへ、大まかな動きから細かな動きのドリルへ移行する。

6) 短い距離のドリルを多く（1回10m程度、バディは相手の泳ぎを観察）行う。
7) 水中歩行プルと実際に泳ぐことを交互に1回ずつ実施して動きを復習する。
8) 技術＆体力要素の組み合わせでドリルの回数を調整する。

5-1-2　バタ足の習得

　動作の意識として足の膝はほとんど曲げず、膝から下をしなやかに動かす。水面で水がバシャバシャと音を立てないように足首を柔らかく曲げ伸ばし、つま先を少し内側に向け内側から外へと水をける。

　以下の要領で、バタ足のドリルを実施する。

1) バタ足のみ（頭は水中）で数メートルを泳ぐ。
2) プールサイドの壁に両手のひらをピタッとつけて、バタ足の練習をする。
3) 足首より上は水面に出さずにける（その際の音は、バシャバシャではなく、ズボッズボッという感じである）。
4) 足は内股で、足首の力を抜いて後ろに押し出すようにしてける。
5) 上下垂直に叩くようにバタ足をすると、作用反作用の関係で、前進する力ではなく、上下方向の力を受けて進まない。

5-1-3　腕のかきの習得

　推進力の約80％が手のかきであり、足のかきは約20％である。すなわち鍵となるのは、手でいかに水を捉えるかということである。したがって、腕のかきのドリルの種類と練習回数を多く実施すると、少ない力でスムーズに前進するようになる。

　具体的なドリルの要領と進め方は以下の通りである。

1) 頭は水中に入れて、クロールの手をかきながら歩く（写真5-2）。

写真5-2　歩きながら手のかき（筆者撮影）

2) 頭は水中に入れて、クロールの手をかきながらバタ足で進む（写真5-3）。

写真5-3　水中で手足を動かす（筆者撮影）

3) ハイエルボー：水中および水上ともに肘を曲げる＆伸ばすを繰り返す。
4) ジグザグプル＆S字プル：合理的な動きをマスターして、水をつかむ感覚を覚える。肘を曲げながら手のひらを腹のほうへかき、その後、肘を伸ばしながら後方へ水を押す。
5) 両手のかきのタイミング：上体のローリングを使って手先が耳に来たときに、もう一方の手をかき始める（写真5-4）。

写真5-4　ハイエルボーと手をかくタイミング（筆者撮影）

6) チキンウイング：鳥の羽のように腕を動かす。肩の上に手を置いたまま、クロールの手の動きのように交互に肩を回しながら歩く（写真5-5）。

写真5-5　チキンウイング（筆者撮影）

7) 指先ティップ（空中リカバリー）：水中で手をかいた後、前方に手をもってくる際、指先で水面をこするように手を運ぶ。

8) バタ足をしながらチキンウイングで泳ぐ（肩の前後への回旋運動を覚える）。
9) チキンウイングの感じで、指先を肩から離して肘を高く上げ、曲げて泳ぐ。
10) 手のかきは、腰のところで水を後ろに押し出すようにして伸ばしてかく。
11) リカバリーの最初は、腰より高い位置で肘を曲げ、水面上に出す。
12) リカバリーの後半、肘を前に伸ばして指先から入水する。
13) クロールでの進む力は手のかきが8割なので、バタ足はバランスをとる程度でよい。

5-1-4　クロールにおける呼吸の仕方の習得

　クロールは、息つぎの仕方を習得するのが難しい。その理由として、1) うつ伏せ姿勢で気道が塞がった状態で、2) なおかつ、呼吸をするために顔を真横に向けた窮屈な動きを強いられる。3) さらに、息つぎのタイミングが非常に短く、すばやく吐いて、すばやく吸わなければならない。いずれにしてもアゴを引き、前頭面（進行方向）に対して首を左右に回す「非日常的な呼吸動作」の獲得は容易ではないことがわかる。

　以下に、呼吸動作を習得するためのドリルをいくつか列挙する。

1) クロールの手の動きと呼吸を同時に行いながら歩く。
2) クロールの手の動きと呼吸、バタ足を同時に行いながら泳ぐ。
3) 水中でブクブクと息を吐きながら、顔を上げたときに吐ききって、その勢いで空気を吸う。
4) 「ブクブクブーパッ!!」という感じ。顔は真上の空が見えるように上げる（写真5-6）。

写真5-6　空を見るように息つぎ（筆者撮影）

5) 腕を曲げたときにできる三角形の窓を覗くように顔を上げ、息をする（写真5-7）。

写真5-7　肘の三角形を見て息つぎ（筆者撮影）

6)「ん〜…ばっ」＆イチ、ニなどと、手のかきのリズムに合わせて息つぎをする。

5-2　Scientific Tips 8：クロールの動作発達

　人の基本となる動作は、神経系の発達がほぼ完成される児童期に獲得され、そこに至るまでの発育、発達の特徴と密接な関係があると言われている（後藤、1984）。大きく分けると、ヒトが生まれつきもっている遺伝的要因と、学習などによって形成される環境的要因とによって動作の習得が達成される（合屋ら、1993）。陸上運動が前者で、水泳運動が後者になる。つまり、水泳の運動は年齢、性別にかかわらず、「学習すれば必ずその技能は獲得できる」のである。

　発達バイオメカニクスの分野では、動作の発達段階とは「動作獲得プロセスの仮説モデル」と言われている。どのようにして動きを習得していくかを明らかにすると、評価だけでなく、動作の習得レベルに合わせた具体的な指導方法や、教具の開発が可能となる。しかし、水泳運動では、ある一定の距離を泳いだときのタイムや可泳距離によって評価されているのがほとんどである。

　そこで、初歩的な段階からある一定のレベル（例えば、25mとか50m泳げる）までの「泳ぐ動作の獲得仮説モデル」を調べてみた。子どもの泳ぐ動作を対象としているが、年齢に関係なく初心者から上級者へと上手になっていく動作獲得モデルに置き換えても差し支えない。

5-2-1　クロールの動作パターン

　小学生のクロール泳の動作様式を見るために、水中での動作カテゴリーを設定した（図5-1）。対象は、小学校3年生から6年生までの男女児童247名（男子124名：女子123名）であった。プールの横の長さ（11m）を飛び込まないで、呼吸しながら全力で泳がせた。

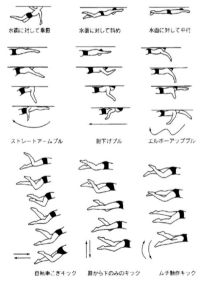

図5-1　パターン分けの内容例（出典：合屋、1999）

パターン分けの動作は、1) プル動作（手・腕の動作）、2) キック動作（バタ足動作）、3) ボディポジション、4) 息つぎ動作の4項目とした。この4項目に対してそれぞれ3つずつの内容、すなわち計12項目の動作カテゴリーの組み合わせを設定し、パターンの決定を行った。

　ボディポジションを動作パターン決定の主要な基準とした。これは、水面に対してどのようなポジションをとるかが水泳の場合は重要なポイントとなるためである。その結果、技術的に未熟なパターンから完成型に近いパターンまで5つのパターンに分類することができた（図5-2から図5-6）。

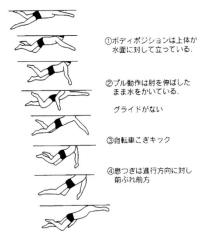

図5-2　パターン1（出典：合屋、1999）

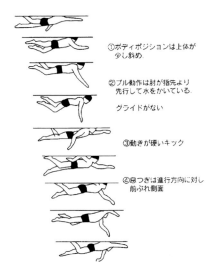

図5-3　パターン2（出典：合屋、1999）

　各パターンの出現率の割合は、男子（女子）ではパターン1が10.5％（7.9％）、パターン2が50.5％（44.6％）、パターン3が16.2％（10.9％）、パターン4が9.5％（13.9％）、パターン5が13.3

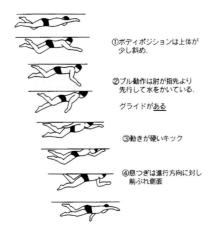

図5-4　パターン3（出典：合屋、1999）

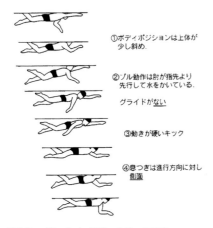

図5-5　パターン4（出典：合屋、1999）

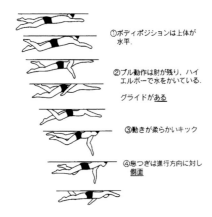

図5-6　パターン5（出典：合屋、1999）

％（22.8％）であった。

　パターン2は男女ともほぼ50％近くを占めた。これは、児童期の約半数がこの技能レベル（秒速、約1.0m/秒前後、ピッチ、約0.8秒/回）に集中していることを示している。

5-2-2　上達のカギは何か？

　パターン3と4については動作カテゴリーのボディポジション・プル動作・息つぎ動作で若干の違いが見られ、パターン3の平均泳タイム（男子9.8 ± 1.2秒、女子10.1 ± 1.6秒）がパターン4（11.0 ± 2.3秒、11.5 ± 2.8秒）のそれを上回った。これは、パターン2からパターン3と4に移行する段階では、1）呼吸動作が進行方向前方から側方へと変化すること、2）息つぎを確保する動作および、3）それに伴ってグライド動作が長くなることなどから、結果として泳タイムが遅くなっているのである。俗に言う「面かぶりクロール」から「息つぎクロール」への移行である。したがって、この段階ではただ単にタイムなどでは評価できない動作の特徴が現れると考えられ、クロール泳での動作獲得のクリティカルポイントになるのではないかと思われる。この段階でアゴを引き、前頭面に対して首を左右に回す「非日常的な呼吸動作」の獲得は容易ではないことがわかる。

　Miyashita（1987）の報告によれば、クロール泳の初心者では、泳速度の増大PD（1かきで進む距離）とPT（1かきに要する時間）の双方の増加によって得られ、秒速約1.2m以上になるとPDの貢献度がほとんどを占める。今回の子どもたちは、泳速度のみを適用すれば初心者レベルに相当するが、それ以上のレベルになって1かきで進む距離を大きくすれば、泳ぎの「かたち」と「スピード」が向上すると考えられる。しかし、年齢に伴って必ずしも泳ぎの「かたち」がよくなるとは限らない。

5-3　Scientific Tips 9：クロールのターン

　クロールのクイックターンの一連の動きとポイントとなる局面を図5-7に示した。時系列の順に、1）ターンイン前5m、2）ターンイン前3m（アプローチ）、3）着地までのターン前半、4）離地までの（コンタクト）、5）ターンアウト3m、6）ストロークのかき始め5mと便宜的に分けた。

　ここでは、ターンの練習によってフォームがどのように変化するか、どのような仕組みで、どのような力発揮をしているのかを調べてみた。

5-3-1　練習前後の重心位置とけり出す方向の変化

　練習前のフォーム、重心移動軌跡および力発揮の変化は図5-8に示された通りである。1）のアプローチ、2）のターン開始、3）のターン中間、4）のターン後半、5）の着地、6）の離地、7）のグライドの局面に分けている。ターンのよし悪しは、理論的には水面に水平に入って、水平に出てくることが無駄のないスムーズなターンである。

　練習後のフォーム、重心移動軌跡および力発揮の変化は、図5-9に示された通りである。

　練習前の重心移動軌跡のタテの変位は上下に39cm程の幅があり、このときのけり出した力の大きさは約530N（約53kg）とほぼ体重と同じくらいであり、けり出した方向は斜め下方の65度であった。これに対して、練習後では、重心移動軌跡のタテの変位が23.5cm、けり出した力の大きさは約830N（約83kg）、けり出した方向は97度と若干上方へと変化した。このことは、

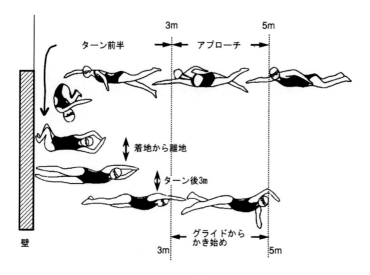

図5-7 クロールクイックターンの各局面とその様相（出典：合屋ら、1996）

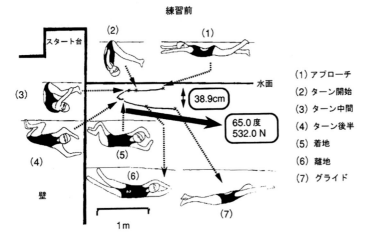

図5-8 練習前のフォーム、重心移動軌跡と力発揮の様相（出典：合屋ら、1996）

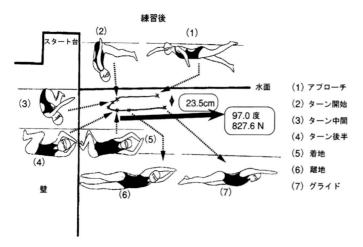

図5-9 練習後のフォーム、重心移動軌跡と力発揮の様相（出典：合屋ら、1996）

80 | 第5章 より速くよりスムーズに泳ぐ：スマートなクロール

練習によって、

1) 重心のタテの高さが小さくなって下方への落ち込みが減少した。
2) しっかりと着地して壁を力強くけり出すことができた。
3) けった後の身体の進行方向がほぼ水平に近くになった。

つまり、ターンの最中に腰が落ちないように「すばやく身体を回し込み」、しっかりと着地して「ためを作り」、理論的な「水平方向へのけり出し」が練習前よりできるようになったことを示している。このように、ターンを練習するときのポイントとなる重要な観点を意識することがスキルアップの条件である。

5-3-2 練習前後の重心移動速度と力発揮の変化

次に、重心移動速度と力発揮の練習効果を見てみる。図5-10にクイックターン練習前の、図5-11に練習後のそれぞれの変位を示した。タテ軸の下半分がけったときの力の大きさを、タテ軸の上半分が重心の移動速度を表している。どのくらいの力で壁をけっていたか、また身体がどのくらいの速さで進行方向へ移動したかを見ることができる。特に、練習後の壁をけっていた時間は、練習前に比べ練習後は短縮されており、非常に「短い時間」の間に「大きな力」を出して「すばやくけり出して」いたことがわかる。つまり、腰が下方へ落ちる前に身体をスムーズに回し込んで、抵抗のないストリームライン姿勢をとって、進行方向と平行にけり出すことがターンの「できばえ」を左右している。

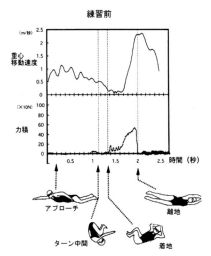

図5-10 練習前の重心移動速度と力発揮の変化（出典：合屋ら、1996）

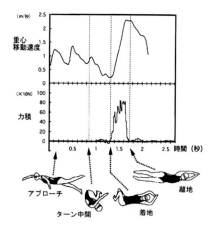

図5-11　練習後の重心移動速度と力発揮の変化（出典：合屋ら、1996）

5-4　1時間で覚えるクロールのドリル

　各種泳法の学習に入る前には、当然のことながら水中での姿勢（伏し浮き、仰向け、垂直など）と浮き沈み（初歩的な呼吸法を含めて）の理解と実践を押さえておく必要がある。以下に、クロールの泳法へとステップアップするための要領の例を示す。

　背泳ぎと同じく、次の5点がコア（核）となる柱である。

1）陸上で、手のかき、足のけり、息つぎ、タイミングのシミュレーションを行う。
2）短い距離（10m〜15m程度）を歩いてドリル＆泳ぎでドリルを行う。
3）意識するスキルポイントを1つだけに焦点を絞る。
4）相手のバディにできばえを観察、アドバイスしてもらう。
5）新たな課題（意識するスキルポイント）を見つけてドリルを繰り返す。

　ここでは、効率よく、軽快に、テンポよく進める1つのモデルとしての展開方法を紹介する。実施する時間や、回数、技術レベルに合わせて適宜ドリルを増減し、個々の要求水準に対応することを推奨する。

1）ストリームライン（けのび）の習得：最も抵抗の少ない姿勢をマスターする。
2）推進力の約80％は手のかき：陸上および水中でシミュレーションを行う。
3）2人1組で交互に練習：確かめ、教え合う。
4）単純な動きから洗練された動きへ：短い距離のドリルを多くする。
5）水中歩行プルと実際に泳ぐことを交互に：技術＆体力要素を組み合わせる。
6）ハイエルボー：水中および水上ともに肘を高く保つ。

7) ジグザグプル＆S字プル：合理的な動きをマスターする。

8) 両手のかきのタイミング：上体のローリングをうまく使う。

9) 手のかきと呼吸のタイミング：上体のローリングに合わせる。

10) キックはしなやかに：膝、足首の関節をリラックスさせてダウンキックする。

技術的な詳細は、本章5-1「進むことに重点を置いたクロール泳へ」を参照されたい。

5-5　Scientific Tips 10：危ないスタート・安全なスタート

5-5-1　これまでのスタート事故に関する研究報告

スタートによる水底衝突事故の97％は水深1.35mより浅いプールで発生し、1.0m前後が最も多い傾向にあることが報告されている（Gabrrielsenら、2001）。これまで水泳そのものは安全であるが、スタートによる事故は重篤になるケースが多いと指摘されている（武藤ら［1983］、野村ら［1993］、高木［1993］）。

このような状況から合屋ら（1993）は、スタートの事故に関わるハードとソフトの両方向から総合的に検討する研究を行っている。ハード面では施設、設備、特にスタート台の高さや水深およびプール底材と、発生する重篤な事故との因果関係の有無について、また、ソフト面では人体および人体ダミーを用いて危険なスタート、そして安全なスタートのボーダーを探っている。どのようなスタートの方法（構え、テイクオフ、空中姿勢、入水姿勢、入水後の浮き上がり姿勢など）が最も危険なのか、また最も安全なのか、それらの動作の特徴やメカニズムを検討している。

その結果は、以下の通りである。

1) ダミーによるスタート時の水底衝突では作用時間は約0.02秒、作用力が数百キロから千数百キログラム重に及び、スタート台の高さに関わらずきわめて激しい衝突が起きる。

2) 入水角度を大きく、腰を伸ばしながらの入水をシミュレートさせた場合、人体の指先の最大深度は通常（平均0.7m）のスタートに比べ、約3倍（平均1.92m）にも達する。

3) 指導者は、きわめて短時間に遂行されるスタートでの空中期、入水期の動作シミュレーションプログラムや、学習者に自分の動作を自分で確認させる指導内容を段階的に計画すべきである。

以上のことから、スタートによる事故が非常に短い時間に、大きな衝撃をもたらすことが容易に想像することができ、重篤な状況が発生することがわかる。

5-5-2　スタートによる到達水深

プールサイドからの飛び込みでは0.5秒後に水深2.10mに達し、最終的に水深3.74mに達した

と報告されている（Albrandら、1975）。また、Counsilmanら（1988）は、浅い入水（Flat entry）での入水角度は約35度、到達深度は約0.7m、えぐるような入水（Scoop entry：近年ではWhole entry：一点入水）では入水角度47.2度、到達深度は1.2mであり、Error margin（猶予）を含めると1.4mの水深が必要であると報告している。

　野村ほか（1993）によれば、安全なスタートのためには、以下の5つの技術的ポイントの条件を満たす必要があると述べている（図5-12）。

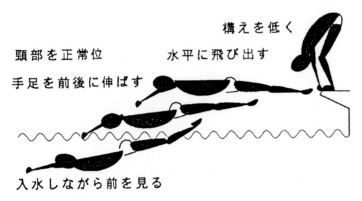

図5-12　到達水深を浅く保つ飛び込み（出典：野村ら、1993）

1) 構えを低く：スタート台上の「ブロック期」では低く構えて重心を下げることによって、入水角が小さくなる。
2) 飛び出し角度を水平に：飛び出しが上向きになりすぎると、入水直前に上半身を前屈するジャックナイフ型が出現する。

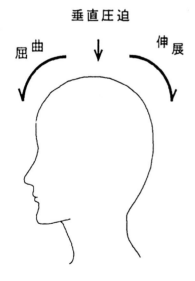

図5-13　屈曲、伸展（出典：高木、1993）

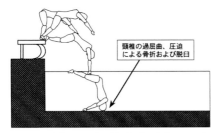

図5-14 事故発生の原因例（出典：高木、1993）

3) 頸部を正常位に：空中でのフライト期では頸部を正常位に保つ。これは、頸部を前屈（屈曲）すると、上肢を屈曲する頸反射が表れ、頸立ち直り反射によって身体が前方へ回転しようとするため、入水角が大きくなる危険性がある（図5-13、図5-14参照）。

4) 手足を前後に伸ばす：空中では手足を前後に伸ばす。これは、前方向への回転を起こりにくくするためである。

5) 入水しながら水中で前を見る：これは、水中での進行方向を水平方向へ変えるためである。

いずれにしても、非常に短い時間の中で重篤なリスクを避けるための多くのことが存在する。

5-5-3　エリートジュニアー選手のスタート

図5-15に、2016年度競泳ジュニアーエリート女子選手（小学生自由形）のトラックスタート（バックプレートを用いた最新の技術）の水上、水中の動きと基礎データを示した（野村、2016）。

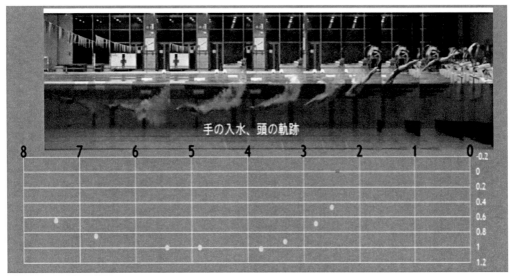

図5-15 ジュニアーエリート選手によるトラックスタート（出典：京都工芸繊維大学、野村照夫教授資料提供）

画像は右から左へ水上から水中へと進んでいる。下表の右端上方の1点目は手先の入水時、2点目以降は頭部の水深と壁からの水平距離のプロットである。100mレース時と同じスタート条件の指示により、試技を行っている。手先が入水したときの水平距離は壁から2.40m、頭部

の軌跡は入水後0.53秒で水深1.02mに達している。もし、水深を1.0mとすると、わずか0.5秒程度で水底衝突回避動作をやらなければ重篤な事故が起きてしまう。このように、ジュニアエリート選手でも頭部が水深1.0m付近までに達し、浅い水深では水底衝突のリスクが十分に生ずると考えられる。

　一方、競泳選手の手先および頭部の到達深度（高木、1993）を平均±1標準偏差とした場合のError margin（猶予）は、深い深度の場合には0.86mとなり、水深が1.0mの場合、わずか14cmの余地しか残らないことになる。もし、ホールエントリーによる入水角度が通常より大きくなったと仮定すると、入水後、頭の伸展動作をとる間もなく、アゴを引いた過屈曲状態で衝突したと考えるのが妥当であろう。

5-5-4　スタート台が低いとなぜ前方へ高く跳んで、入水角度を大きくするか？

　これは、入水角度が小さいと、極端な例ではいわゆる「腹打ち」と言われる入水になる。競泳選手の場合は、もう少し上手に入水し、時間短縮を図っている。すなわち、入水面積（水面と身体が接触する面積）を小さくして水から受ける抵抗を少なくし、水中への進入速度をできるだけ減速させないようにして水中を移動すると、タイムロスが防げる。これが、競技で言われる「ホールエントリー：Whole Entry」である。穴のように面積が小さい部分に入水するやり方が、ほとんどの選手に普及している。直線的に飛び出すFlat startよりは大きな入水角度を得ることができる（Counsilman、1979）。

　問題は、入水後の姿勢制御と水深である。ホールエントリーで入水しながら水中で前方を見る。これは、水中での進行方向を水平方向に変えることによって、到達水深を浅くすることができる。具体的には、「入水後、頸部を伸展する（アゴを上に上げる）ことによって上肢（上半身）が伸びやすくなるため（緊張性頸反射）、到達水深が深くなっても頭よりも上肢が先に水底に到達するものと考えられる（野村ほか、1993）。

　いずれにしても、水深1.0mのプールでは回避動作を遂行する時間的余裕は非常に短い。したがって、到達水深が浅くなると、入水後の衝突回避は期待できないように思われる。それ以前に、水深1.0mのプールでスタートする危険性が従前から指摘され、ガイドラインが公表されていることを十分に認識してリスクマネージメントを行うべきである。

　そのためには、段階的指導内容や方法について具体的に用意すべきである。

　例えば、以下のものが考えられる。

1) 水中への入水の方法として「立ち飛び込み」やその変形、応用および「けのび」「イルカ飛び」などを水深の程度に合わせて積極的に取り入れるべきであろう。
2) フライト期のきわめて短い時間に意識的に四肢や体幹を伸ばすには、それに必要とされる動作のシミュレーション（水中でのドリルなど）を十分練習させなければならない。
3) 水深の深いプールで入水姿勢の違いによる指先、頭部の最大到達深度の変化を経験させておくことが望ましい。

■参考・引用文献

Albrand, O. and Walter, J.「Underwater deceleration curves in relation to injuries from diving」、『Surg Neuro』Vol.4（1975年）、461〜464ページ。

Counsilman, J. E. et al.「Three types of grab starts for competitive swimming」、『Swimming Science V』（1979年）、81〜89ページ。

Gabrielsen, M. A. et al.「Diving Injuries」、『CRC Press LLC』（2001年）、254ページ。

合屋十四秋ら「水中エレクトロゴニオメーターによるクロール泳のプル動作の解明」、『第7回日本バイオメカニクス学会大会論集』（1984年）、174〜180ページ。

合屋十四秋ら「クロール泳動作の発達」、『第11回日本バイオメカニクス学会大会論集』（1992年）、286〜291ページ。

合屋十四秋ら「発育発達にともなうスポーツパフォーマンスの変容に関する縦断的研究 ＝一卵性および二卵性双生児一組ずつの事例＝」、『デサントスポーツ科学』Vol.14（1993年）、151〜168ページ。

合屋十四秋ら「人体及びダミーによる水泳飛び込み事故発生メカニズムの解明と指導マニュアルの作成」（1993年）、『平成4・5年度文部省科学研究費補助金（総合A）研究成果報告書』（1994年）、8〜59ページ。

合屋十四秋ら「クロール泳におけるフリップターンの習熟過程」、『身体運動のバイオメカニクス』（第13回日本バイオメカニクス学会大会編集委員会編、1996年）、390〜394ページ。

合屋十四秋・杉浦加枝子「クロール泳の動作認識と画像解析による泳ぎのマッチング」、『水泳水中運動科学』Vol.2（1999年）、26〜32ページ。

後藤幸弘「発達バイオメカニクス2、立位から歩行への動作の移り変わり」、『体育の科学』Vol.34, No.12（1984年）、927〜933ページ。

Miyasita, M.「Action in the crawl stroke」、Jan P. Clarys and Lewille（eds.）『SWIMMING（II）』（University Park Press、1987年）、167〜173ページ。

武藤芳照ほか「水泳の飛び込みによる頸椎・頸髄損傷の発生原因と予防について（I）＝臨床的観察から＝」、『J. J. Sports Sci.』Vol.2, No.8（1983年）、655〜659ページ。

野村照夫ほか「水泳の飛び込みの事故に関する要因の検討 ＝スタート台からの逆飛び込みについて＝」、『京都工芸繊維大学繊維学部学術報告』Vol.17（1993年）、67〜77ページ。

野村照夫「2016年度日本水泳連盟コーチ研修会資料」（2016年）、東京。

高木英樹「人体による安全なスタート及び危険なスタート動作のシミュレーション」、『平成4・5年度文部省科学研究費補助金（総合A）研究成果報告書』（1994年）、20〜27ページ。

第6章　リズムとタイミングのバタフライ

6-1　1時間で覚えるバタフライ

　バタフライは意外と難しいと思われがちだが、ステップ・バイ・ステップで短い距離（10ｍ程度）を歩きながらのドリルと、泳ぎながらのドリルを交互に組み合わせ、チャレンジしてみようという気持ちをもつことが大切である。また、多くの人たちが「やってみたい」と思っている種目でもあるので、能力に合わせた展開方法を工夫すれば、実施可能である。一定のリズム「ポーン、ポン、ポーン、ポン」または「イチ、ニィ、イチ、ニィ」をすべてのドリルで統一して繰り返し行う。以下に、展開例を例示しておく。

　まず、バタフライ泳法の知識・理解・足の動きや、手の動き、呼吸の仕方等を水中に入る前に陸上で説明しておく（写真6-1）。全体を通して、バディで交互に練習し、確かめ教え合う。1人の場合でも、他人にチェックしてもらうと、アップグレードする進み具合が大きい。泳ぐスピードは重視せず、ドリルの要領を覚えて段階的にステップアップすることを試みる。

写真6-1　手のかきと足のけり（筆者撮影）

　背泳ぎおよびクロールと同じく、5点のコア（核）となる柱は以下の通りである。

1) 陸上で、手のかき、足のけり、息つぎ、タイミングのシミュレーションを行う。
2) 短い距離（10m〜15m程度）を歩きながら、手のかき、息つぎのタイミングのとり方や、泳ぎながら手のかき、足のけり、息つぎ、タイミングとり方を意識したドリルを行う。
3) 意識するスキルポイントを1つの焦点に絞る。
4) 相手のバディにできばえを観察、アドバイスしてもらう。
5) 新たな課題（意識するスキルポイント）を見つけてドリルを繰り返す。

最初は、ドルフィンキックの要領を基本に「イルカ飛び」のドリルから、段階的に難易度を徐々に上げて1時間以内に収まる完成形のドリルまで、その展開、応用練習について列挙する。以下の通りである。

1) ウォームアップ：イルカ飛びからドルフィンキックを2回行って足を着いて立つ。これを繰り返すドリルを2人1組で交互に実施する。
2) 深めに：イルカ飛びの要領は、お尻を上げるようにして頭から潜る。
3) 浅めに：イルカ飛びの要領は、斜め下に向けて潜り込む。
4) 応用：イルカ飛びを浅めに行う。足裏が水面に出たら、2回ドルフィンキックをする。
5) 両肩を進行方向前方に突っ込み、背中から足へと力を伝達するような要領で行う。
6) 歩きながらキャッチアッププル（両手を頭の前でそろえ、片手で交互にかく）。
7) 上記のポイント：入水時にアゴを引いて体を前傾し、体を起こしながら手を抜き上げる。
8) 6) にアクセントをつけて：入水時にアゴを引き、手を抜き上げるときに頭を起こす。
9) ドルフィンクロール（足はドルフィンキック、手はクロール：写真6-2）。

写真6-2　ドルフィンクロール（筆者撮影）

10) 7)、8) の要領：手の動きに合わせて、「イチ、ニィ」のリズムに強いアクセントをつける。
11) 手のかきのアクセント1（イチ）を強調するドリルとアクセント2（ニィ）を強調するドリルとを行う。
12) ドルフィンクロールの手は、肘を高く抜き上げ、水中に突き刺すように入水する。
13) ドルフィンブレストを行う（足はドルフィンキックを、イチ、ニィのリズムで2回。腕のかきは、ニィのときに顔の前で1回かく：写真6-3）。
14) 上記の両手の動きと呼吸のタイミングを腰のうねりに合わせて行う（写真6-4参照）。
15) 完成形：手のかきと呼吸（アゴ）、足の動きを同時に行う。何回立ってもよい。
16) 両手のかき：肘を曲げて水を後方にプッシュし（写真6-5参照）、肩の付近で肘からすばやく抜き上げる。スムーズに両手が抜ける。
17) 両手のリカバリーと手先の入水：抜き上げ後、両手の左右の甲を水面につける感じで行う（写真6-6参照）。
18) バタフライ完成へ：ゆっくりしたテンポで、「ポーン、ポンまたはイチ、ニィ」のリズム

写真6-3　ドルフィンブレスト（筆者撮影）

写真6-4　キックは腰のうねりで（筆者撮影）

写真6-5　両手のかき（筆者撮影）

写真6-6　手先の入水（筆者撮影）

を終始一貫して行う。

6-2　Scientific Tips 11：バタフライ泳法の登場（執筆：坂口結子）

6-2-1　平泳ぎから生まれたバタフライ

　競泳競技は現在、自由形、背泳ぎ、平泳ぎ、バタフライ、個人メドレーの5種目が個人種目で

ある。しかし、かつては自由形、背泳ぎ、平泳ぎの3種目であった。では、バタフライはどのようにして誕生したかのエピソードを紹介していきたい。

　もともと水泳の始まりは平泳ぎであると言われている。大昔、人間が魚や貝類を採るために、水の中に入り移動する手段として泳ぐことを始めたことが起源である。その後、イギリスで一定距離を速く泳ぐという競争に発展していった。しかしながら、平泳ぎは水中の中で手を戻すリカバリー動作があり、キックも水中で足を引きつけるため、クロール・背泳ぎよりも抵抗の多い種目である。当初平泳ぎは「平体で両肩を水平に保ち、腕・足の動作は左右対称にし、キックはカエル足（frog kick）であること」（今泉、2015）と規定されていた。ルールがあれば、その中で最大限の力を発揮できる泳ぎを探るのが選手である。1928年、アムステルダム五輪では、ドイツのラーデマッヒェルがリカバリー動作を水上で行い、前方に回すバタフライ式平泳ぎで泳いだと言われている（趙、2005）。

6-2-2　バタフライ式平泳ぎの登場

　この後、平泳ぎはオーソドックスな現在の平泳ぎと上肢のリカバリーを水面上で行うバタフライ式平泳ぎの2つの泳ぎが混在していた。バタフライ式平泳ぎは、オーソドックスな平泳ぎから大きく逸脱しているなどとの見解から、国際的に認められない時期もあった。しかし、1936年、ベルリン五輪時に開催された国際水泳連盟（FINA）の総会でバタフライ式平泳ぎは正式に平泳ぎとして認められた。ところが、バタフライ式平泳ぎはオーソドックスな平泳ぎに比べ、両腕のリカバリー時に腰が沈まないようにするため強い体幹が必要であった。当時、下半身はカエル足のため、上半身とのコンビネーションが難しく、筋力がもたなかった。よって、前半はバタフライ式平泳ぎ、後半はオーソドックスな平泳ぎで泳ぐ選手が多かったと言われている。1945年にルールが改正され、「オーソドックスな平泳ぎで泳ぎ始めたらオーソドックスな平泳ぎで、バタフライ式平泳ぎで泳ぎ始めたら、バタフライ式平泳ぎで泳ぎ通すこと」（今泉、2015）となった。

6-2-3　正式なバタフライへの移行

　さらに1954年1月1日より、平泳ぎからバタフライ式平泳ぎは分別され、バタフライとして独立した新しい種目が誕生した。このとき、バタフライのルールは「足はカエル足でもバタ足でもかまわない。左右の足が同時に相似形に動き、両腕は同時に水上を通り前に運ばれ、左右相似形でかくこと」（日本水泳連盟［1969］、今泉［2015］）と改訂された。ここから、バタフライの新しい歴史は始まった。

6-2-4　長沢式バタフライの誕生

　さて、ではどうやって1ストローク2キック（ドルフィンキック）の現在のバタフライができたのだろうか。これは『早稲田大学水泳部八十年史』の中に記載されている。発案者は当時早稲田大学水泳部に所属していた長沢二郎であった。もちろん、各国がオリンピックでのメダル

獲得に向けて凌ぎを削っているため、諸説あるのは事実である。しかしながら、歴史の一端を担ったであろう人物が日本人であることには変わりないため、『早稲田大学水泳部八十年史』を参照し、紹介したい。

6-2-5　セレンディピティ：棚からぼた餅

『八十年史』は、バタフライ誕生より2年前にさかのぼった1952年のヘルシンキ五輪に向け、代表選考会が終わり代表選手として猛練習を行っている時点から始まる（長沢、1991）。

　現在は4月に行われるオリンピック選考会で代表選手は決定される。このころは選考会後、選手団は組まれるものの、選手の最終エントリーは本大会10日ほど前でよかった。そのため、本大会直前まで気を抜けない状況であった。

　長沢は最終エントリーも無事通過し、晴れて本大会出場選手に選ばれ、「安心して」練習に取り組めると思っていた矢先、朝の体操で膝関節に痛みを感じた。だまし、だまし練習を続け、本大会では決勝までは進んだものの、表彰台にのぼることはできなかった。この年限りで平泳ぎという種目からバタフライ泳法（キックはカエル足）が禁止されることがわかって帰国した。

　そして、長沢はバタフライ泳法の禁止により、自由形短距離に転向した。1954年、国際水泳連盟はバタフライを平泳ぎから独立した新しい種目とすることを決定した。発表を受け、日本も新種目として夏の全日本学生選手権（インターカレッジ）で100mバタフライ、200mバタフライを追加することになった。早稲田大学で主将を務めていた長沢はチーム事情も考え、バタフライに転向し練習を始めた。しかし、恐れていた膝関節の痛みはすぐにやってきた。大会まで時間がない…。長沢はカエル足でないキックの方法を試行錯誤した。ある日、平泳ぎキックとドルフィンキックを1回ずつ行う方法を、ドルフィンキック2回に変更してみた。次の日、100mバタフライの計測を行ったところ、自己新記録を叩き出した。こうして、『長沢式バタフライ』が誕生した。これが現在のバタフライの原型と言われている。

■参考・引用文献

趙靖芳『ゼロからの快適スイミング、ゆっくり長く泳ぎたい！背泳ぎ&バタフライ編』（学習研究社、2005年）。

今泉隆裕「いまのバタフライは日本起源？」、『Sportsmedicine』Vol.27, No.2（2015年）、44～45ページ。

長沢二郎『早稲田大学水泳部八十年史』（稲泳会、1991年）、178～184ページ。

日本水泳連盟編『水連四十年史』（日本水泳連盟、1969年）、204ページ。

清水啓司「日本人平泳ぎ優秀選手に関する研究」、『奈良産業大学紀要』Vol.24（2008年）、1～13ページ。

第7章　平泳ぎ：手のかき足のけりのタイミングは？

7-1　平泳ぎの泳法の基本

7-1-1　平泳ぎは簡単？　難しい？

平泳ぎの手のかきと足のけりのタイミングをわかりやすく示したのが図7-1である。

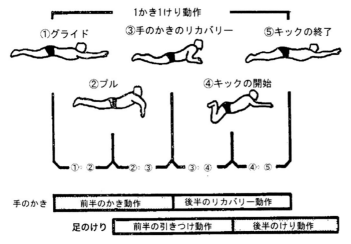

図7-1　平泳ぎの手のかきと足のけりのタイミング動作（出典：合屋ら、1987）

1かき1けりの泳ぐフォームは、左から①グライド、②プル、③手のかきのリカバリー、④キックの開始、⑤キック終了の流れである。下段の四角枠の上が手のかきのプルとリカバリー、四角枠の下が足のリカバリーとけりの時間軸を示した。ここからわかるように、手のかき始めと足のけりのリカバリーに時間的なズレがあることが見てとれる。つまり、手をかいてから、少し間を置いて足の引きつけが始まるのである。一般的なイメージとしては、手のかき始めと足の引きつけの開始が同時という認識が多いように思われる。両方とも同時に動かすと、身体が立って前面抵抗が大きく効率の悪い泳ぎ方になるのと同時に、手を戻すタイミングが合わなくなることが多くなる。

7-1-2　手のかきと足のけりの軌跡

次に、手の先と、足の先の動きを軌跡で示した図7-2を説明する。上段がトップ選手、下段が未熟練者である。足の軌跡はトップ選手がタイプN型、未熟練者がタイプZ型を示した。これは、脚の太ももの引きつけ方の違いによって生じたと考えられた。上級者が太ももの前面抵抗

を受けないように股関節をできるだけ曲げないようにしているのに対して、未熟練者は、股関節の曲げによって太ももの前面抵抗が大きい姿勢をとっている様子がうかがえる（図7-2下段）。

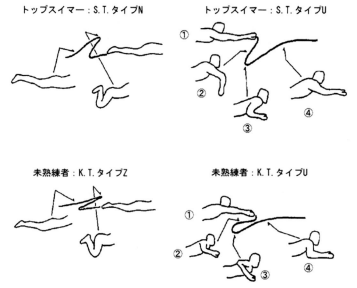

図7-2　泳フォームと手のかき、足のけりの軌跡（出典：合屋ら、1988）

　一方、手先の軌跡はトップ選手も未熟練者もおおよそ同じタイプU型であったが、腕の動きを示しているトレース図の左から②、③、④番目のフォームを見てみると、トップ選手の2番目の肘が立っているのに対して、未熟練者は肘から先に引くようなフォームになっている。肘を引くようなフォームではプル動作が十分ではなく、スリップして水を後方へ押しやることができない。この差が推進力の大きな差となって表れる。

7-1-3　腕、肘および膝関節角度変化

　図7-3の上図に、フォーム全体のトレース図と前腕、肘および膝の角度変化をプロットした。トップ選手および未熟練者のフォームBに手のかき方の違いがよく表れている。すなわち、肘を立てているか、引いた状態になっているかができばえの大きな分かれ目となっている。同様に、フォームDでは、太ももの立ち方の違い（進行方向に垂直）によって、前面抵抗が大きい姿勢であるか否かが判定できる。

　図7-3の下図に、トップ選手および未熟練者のフォームと腕の前腕、肘関節および膝関節角度の変化を示した。肘から下の前腕の動きは手のひらを身体の外側や内側にかく動作で、手のひらの使い方の上手、下手を評価できる。肘の関節も同様である。膝の関節の角度は、手のかきと足のけりのタイミングを見るためである。

　図7-3下図の各関節角度変化は、角度が大きいときが伸ばしている状態を示し、角度が小さいときは曲げている状態を示している。ここで注目したいのは、肘と膝を最も曲げているときと、伸ばしているときの時間的なズレの長さの違い（図7-3のCとDの差）である。トップ選手はそ

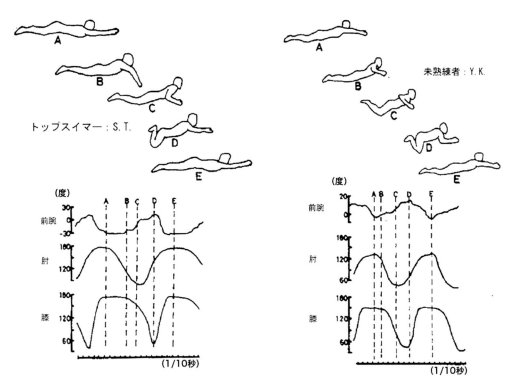

図7-3 泳フォームと前腕、肘および膝関節角度の変化（出典：合屋ら、1988）

のズレが大きくなっている。このことは、手のかき始めと足のけりのリカバリーに時間的なズレを生じさせ、前面抵抗の少ない姿勢をとっている。それに対して、未熟練者のズレは短く、上体が起きた前面抵抗の大きな姿勢をとっていることがわかる。非常に短い時間の中で、身体各部のわずかな動かし方や使い方がスポーツパフォーマンスの成果を決定づけている。

7-2　Scientific Tips 12：平泳ぎの動作発達

7-2-1　パターン動作分け

　平泳ぎはクロールの次にポピュラーな泳法である。平泳ぎの動作パターンをクロールと同じ小学校の児童男女を対象に画像撮影を行った。事前調査ではプールの横11mを泳げるのは4年生以上の学年であった。中学年以上が多いことから、低学年のクロール泳法に続き、平泳ぎへとカリキュラムが進められているのがよくわかる。

　対象は小学校4～6年生191名（男84名、女107名）、中学校1年生49名（男25名、女24名）の計240名であった。水中側面・水上側面の2方向より撮影し、タイムとストローク数も測定した。
　パターン分けの動作は、1) ボディポジションカテゴリー3項目（図7-4）、2) キック動作カテゴリー4項目（図7-5）、3) プル動作カテゴリー4項目（図7-6）、4) タイミング動作カテゴリー4項目とした。
　タイミング動作カテゴリーは、⑫腕をかき終わったときに、膝の屈曲が見られない、⑬腕を

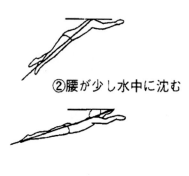

図7-4 ボディポジションカテゴリー（出典：合屋、1995）

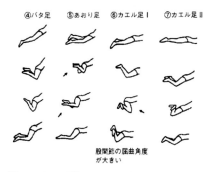

図7-5 キック動作カテゴリー（出典：合屋、1995）

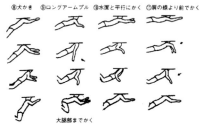

図7-6 プル動作カテゴリー（出典：合屋、1995）

かき始めると同時に膝を屈曲する、⑭腕をかき終わると同時に膝を屈曲する、⑮グライドがある、の4項目とした。

　以上4つの動作カテゴリーに対して、それぞれ3～4つずつの項目内容を足した合計15項目の動作カテゴリーの組み合わせを設定した。

　表7-1に動作カテゴリーの組み合わせを元に作成したパターン分け一覧を示した。特に、各パターンを決定づけるキーカテゴリーを設け、それを軸に泳動作様式のパターン分類を行った。表7-1内の○で囲った番号は動作カテゴリー番号を示し、□枠で囲った動作カテゴリーがキー

表7-1 動作カテゴリーと各動作パターンの特徴一覧（出典：合屋、1995）

パターン＼カテゴリー	1	2	3	4	5
ボディポジション	立つ①	斜め②		水平③	
キック	ドルフィンキック④	あおり足⑤	カエル足1（股関節の屈曲角度が大きい）⑥	カエル足2（斜め上後方にけっている）⑦	
プル	犬かき⑧	ロングアームプル（大腿部までかく）⑨	水面と平行に左右にかく⑩	肩の線より前でかく⑪	
タイミング	腕をかき終わった時に膝の屈曲がない⑫	腕をかき始めると同時に膝を屈曲する⑬	腕をかき終わると同時に膝を屈曲する⑭	グライドがある⑮	

カテゴリーを示している。この表を元にそれぞれ5つの動作パターンが分類、決定され、集計データとして採用された。

　その結果、泳動作の未熟なパターン1からほぼ完成形に近いパターン5までの5段階に分類できた（図7-7〜図7-11）。実用性や汎用性を考えると妥当な方法であろう。

①ボディポジションは上体が反り、足を真下にして身体が立つ。体全体が沈む。
②キックはバタ足か、上下方向のあおり足。
③プルは犬かきに似た動作。
④タイミングは、腕をかきながら呼吸するが、腕をかき終わった時に膝の屈曲は見られない。

図7-7　パターン1（出典：合屋、1995）

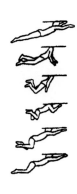

①ボディポジションは水面に対して、上体が反り、足が少し水中に沈む。
②キックは水面と平行なあおあおり足。
③プルはロングアームプルで水面から水底の方向にかく。
④タイミングは、腕をかき始めると同時に膝を屈曲し、腕を前方へ伸ばすとともに足をけりだす。

図7-8　パターン2（出典：合屋、1995）

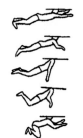

①ボディポジションはパターン2と同じである。
②キックはカエル足だが、股関節の屈曲角度が大きい、または膝関節の屈曲角度が小さい。
③プルはパターン2と同じである。
タイミングはパターン2と同じである。

図7-9　パターン3（出典：合屋、1995）

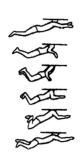

①ボディポジションは水面に対して、身体が水平に近く、水面に浮く。
②キックはカエル足で斜め上後方にけっている。
プルは水面と平行に左右にかく。
③タイミングは、腕をかき終わると同時に素早く膝を屈曲し、腕を前方へ伸ばすとともに足をけりだす。グライドがない。

図7-10　パターン4（出典：合屋、1995）

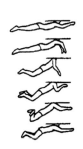

①ボディポジションはパターン4と同じである。
②キックはパターン4と同じである。
③プルは手の平のかきを肩の線より前でできる。
④タイミングはパターン2, 3, 4と同じであるが、グライドがある。

図7-11　パターン5（出典：合屋、1995）

7-2-2　各パターンの出現率と泳速度

　表7-1を元に分類、集計した結果、各パターンの出現率の割合（男女）は、パターン1が19.2％、パターン2が22.5％、パターン3が16.3％、パターン4が20.8％、パターン5が21.3％であった。クロール泳と比べると、ほぼ同じ割合で出現した。

　各パターンの泳速度（ストローク数）は、パターン1が0.58 ± 0.13m/秒（14.8 ± 4.0回）、パターン2が0.67 ± 0.10m/秒（12.0 ± 2.8回）、パターン3が0.71 ± 0.09m/秒（11.3 ± 2.0回）、パターン4が0.86 ± 0.09m/秒（9.7 ± 1.7回）、パターン5が0.89 ± 0.10m/秒（7.7 ± 1.4回）であった。クロールと同様に、動作パターンの発達に伴って泳速度は増加したが、ストローク数は減少した。一方、泳速度と動作パターンとの間には有意な相関が見られた。これは、クロールと同様に、泳ぎの「かたち」がよくなると、そのパフォーマンスが向上することを意味する。

7-2-3　各動作パターンと1かきに要する時間と1かきで進む距離

　平泳ぎの動作パターンの発達に伴って、1かきに要する時間（PT）が長くなり、かつ、1かきで進む距離（PD）が大きくなった。クロール泳では1かきで進む距離の増加による泳速度の増加が見られたが、平泳ぎでは双方の増加によって泳速度が増加することがわかった。つまり、キック動作のあとのグライド姿勢をとる時間が長くなり、なおかつ、1かきで進む距離が伸びることによって、パフォーマンスが向上していることわかる。

　一方、月齢と水泳歴との関係を見たところ、有意な相関は見られなかった。また、平泳ぎでもクロール泳と同様、月齢の増加に伴い、動作パターンの発達は見られなかった。これは、水泳運動のできばえは、種目のいかんにかかわらず、学習経験量の大小がその技能の決定要因であることがわかった。

7-3　1時間で覚える平泳ぎのドリル

　平泳ぎは手足のタイミングがうまく合うか合わないかが、大きな決め手となる泳ぎ方である。また、クロールに比べて、逆に脚による推進力が大きいので独特の技術要素が加わる。特に、カエル足の習得には多くの時間を要することがあるので、アオリ足での平泳ぎでも最初はさほど気にしなくともよい。まずは、前に進むこと、続けてゆっくり泳げることを目標とし、中、上級へと進めるときに正確な動きを意識できるような段階に達してから修正を試みる。

　基本的には、クロールのストリームライン、2人1組で交互に練習、単純な動きから洗練された動きへ、水中歩行プルと実際に泳ぐことを交互に進めてよいであろう。

　以下、同様の展開方法で「教え合う」「指摘し合う」「観察し合う」ことを通して、主体的に学ぶ場の設定を工夫することが大切である。そうすることによって、お互い知らなかった者同士が、コミュニケーションをうまくとれるようになることが期待できる。

　1）けのび（ストリームライン）を習得する。

2) 最も抵抗の少ないけのび姿勢を試す（一定の距離を少ない回数で）。
3) 推進力の約80％は足のけり：2人1組のバディを中心に行う。
4) 陸上で手のかき、足のけり：同じことを水中でシミュレーションする。
5) 2人1組で交互に練習：確かめる（水中観察でワンポイントアドバイスを行う）。
6) 2人1組で交互に練習：教え合う（1つのことだけ的確に指摘する）。
7) 単純な動きから洗練された動きへ（わかりやすい課題から始める）。
8) 短い距離のドリル（1つのドリルに1つの注意点だけ意識して行う）。
9) 水中歩行プルと実際に泳ぐことを交互に行う（1往復）。
10) 最初に手のかきを水中歩行で動き作りをする。
11) 片道を「歩きながら」と、帰りを「泳ぎながら」を組み合わせる。
12) 2人1組でキックの練習：ビート板をもって、バディ同士で補助する。
13) ビート板をもって、仰向けのカエル足練習をする。
14) 技術＆体力要素の組み合わせを考慮して、往復回数を調整する。
15) ビート板をもって、うつ伏せのカエル足を練習する（バディ同士で補助する）。
16) けのび姿勢をとって、けり出しながらストリームラインを行う。1回ごとに立って繰り返す。
17) けのびから手をかいて（写真7-1）、間を置いて足を曲げて、キックする（写真7-2）。

写真7-1　手をかいて（筆者撮影）

写真7-2　足を曲げてキックする（筆者撮影）

18) 手と足のコンビネーション：手を先にかいて、足を引きつける（写真7-3）。

写真7-3　手をかいて、足を引きつける（筆者撮影）

19) 足首を返して後方へ一気にキックする（写真7-4）。

写真7-4　足首を返して後方へキックする（筆者撮影）

20) アゴを引きながらグライド：けのびの時間を長くとる（写真7-5）。

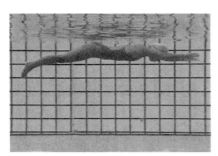

写真7-5　アゴを引きながらグライド（筆者撮影）

　以上のことを、1時間でこなすことは困難なので、対象や技術レベルに応じて適宜、組み合わせを少なくしたり、重点を置く内容を増やしたりして調整する。
　なお、8) の手と足のコンビネーションの詳細は、本章の7-1-1項の「平泳ぎは簡単？　難しい？」を参照されたい。

7-4　Scientific Tips 13：平泳ぎのターン

　平泳ぎのターンは、両手で壁をタッチし、上体を反転させて進行方向に水平にけり出すことが要求される。バタフライと同じタッチの方法である。平泳ぎのターンのやり方の動作イメージを図7-12に示した。しかし、クロールや背泳ぎのようにクイックターンはなく、そのためにターンイン（壁にタッチするまで）、ターン（両手両足を反転し、壁をけるまで）、ターンアウト（壁をけったのち、泳ぎ出すまで）でのできばえがその後の泳ぎや所要時間に大きく影響する。図には便宜的に、1）ターン準備、2）アプローチ、3）ターン開始、4）着地からけり出しまで、5）グライド、6）浮上して泳ぎ出す、の6つの局面に分けてターン動作を分析している。

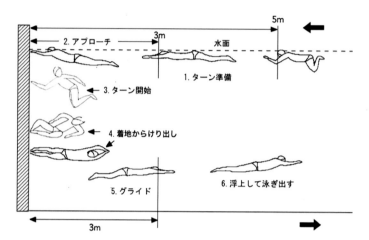

図7-12　ターンの一連の動作局面（出典：Goya et al., 1999）

7-4-1　ターン時の力発揮の様相

　図7-13は、泳者が壁に両手をタッチしてターンし、けり出すまでの力の大きさが時間の経過によってどのように変化したかを表している。上段に練習前、中段に練習後、下段に上級者の力発揮曲線である。練習後にどのように変化し、何がよくなったかを見た。また、それに対して上級者は、どこがどのように違うのかを考察してみた。

　まず、力の大きさを見てみると、練習前が約850N（約85kg）、練習後が約950N（95kg）、上級者が約1500N（約150kg）と練習後の増加が見られるが、上級者の2/3程度であることがわかった。

　また、足が着地してから離地するまでに要した時間は、練習前、練習後、上級者の順に短くなっていた。これは、着地からいったん「ため」を作って、「すばやく」かつ「力強く」進行方向にけり出すことの重要性を示している。

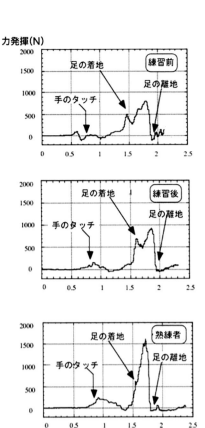

図7-13 ターン時の力発揮の様相（出典：Goya et al., 1999）

7-4-2 重心移動軌跡、力発揮およびけり出す方向

次に、図7-14に水中でのターンの様子を重心移動軌跡と、壁をける力の方向および着地位置の範囲を示した。

重心の移動軌跡から、主に、ターン動作中の上体の上下動がどの程度であったかを計り知ることができる。練習後に重心の位置が13.7cmから4.2cmと大幅に改善され、上下動がかなり少なく、スムーズな動きになっていることがわかる。けり出す方向は、斜め下方からほぼ水平近くに変容していくことが予測される。着地位置の範囲で注目すべきことは、その位置が徐々に上方から下方に移り、なおかつ、着地する範囲が小さくなっていることである。これは、何回ターンしてもほぼ同じ場所に的確に着地し、水平方向にけり出す動作の再現性を示すものである。

理論的なことを理解し、実際の動きに生かすような練習をすることが大切である。

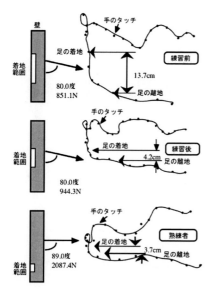

図7-14 ターン中の力発揮、重心移動軌跡および着地位置の変位（出典：Goya et al., 1999）

■参考・引用文献

合屋十四秋ら「水中ゴニオグラムおよびシネマトグラフィーからみた平泳ぎの協応動作」、『第8回日本バイオメカニクス学会大会論集，動きのコツを探る』（1987年）、60～65ページ。

Goya, T. et al.「Biomechanical analysis on breaststroke timing」、『Seoul Olympic Scientific Congress Proceedings』Vol.III（1988年）、539～546ページ。

合屋十四秋「平泳ぎトップスイマーの泳法のバイオメカニクス的研究」、『バイオメカニクス研究90』（1990年）、204～209ページ。

合屋十四秋ら「2方向同時撮影による平泳ぎトップスイマーのタイミング」、『デサントスポーツ科学』Vol.12（1991年）、83～92ページ。

合屋十四秋「平泳ぎ泳動作の発達とその評価について」、『愛知教育大学研究報告』Vol.45（1995年）、11～16ページ。

Goya, T. et al.「Training effects on forces and turning motion during breast stroke turn」、『Biomechanics and Medicine in Swimming VIII』（1999年）、47～52ページ。

合屋十四秋「子どもの泳ぐ動作」『体育の科学』Vol.49（1999年）、115～122ページ。

第8章　続けて長く上手に泳ぐ

8-1　水泳は何歳から始めるとよいか？

　泳ぐ運動は、歩く、走るなど年齢とともに自然発生的にできるようになる運動と違って、必ず誰かに教わらないと「泳げる」ようにはならない個体発生的な特徴がある。ということは、教われば何歳からでも泳げるようになる。つまり、何歳からでも始めることができるのである。赤ん坊でも指導者につき添って適切に教えられれば、歩くことよりも先に浮く技能も獲得できる（V. H. ニューマン、1975）。安全性を確保し、段階的な指導プログラムにしたがって実施すれば、プールにうつ伏せの状態で落ちたとき、自分で姿勢を変換して仰向けになり、ずっと呼吸をして浮き続けることが実践、証明されている[1]。これは欧米などでは自宅にプールがあることが多く、誤って落ちて溺死するケースが報告されていることから、前述したような対策やプログラムが実施されれば未然に水難事故を防ぐことができる。

　先天的な運動として歩く動作はおおよそ1歳ごろに、初歩的な走る動作は2歳ごろに、そして6歳ごろには、ほぼ成人と同じ走動作が獲得されると言われている（宮丸、2001）。身長とストライド（1歩の歩幅）とがほぼいっしょの長さになるのが目安である。

　それに対して後天的な水泳運動では、幼児くらいの年齢で25mを完泳することが可能であるが、成人になってもまったく泳げない人たちがいる。したがって、泳ぎを教わったときが水泳の技能が身につく年齢となる。逆に言えば、何歳からでも始められるのが水泳であり、最近では中高年になってから水泳を始め、マスターズ水泳大会で表彰台に上がるパワフルな人たちがいる。

　遺伝（先天的）か環境（後天的）かを見るために、双生児を対象とした研究手法が用いられることが多い。特に、発育発達の影響をどのように受けていくのかを、遺伝的にほとんどいっしょとみなされる一卵性双生児と、兄弟よりも似ている二卵性双生児の2児間の差の大きさで計り知ることができる。その中で、水泳の学習によってその能力がどのように変わるのか、変わらないのかを調べてみた研究がある（合屋ら、1993）。

　図8-1に、一卵性双生児（A児、B児）の25mクロール泳の8歳から14歳までの変化を示した。8歳時ではB児が25mを完泳できなかったが、その年と9歳の夏休みに2人とも5日間の水泳教室に参加した結果、双方ともに25mを完泳し、泳タイムも飛躍的に伸びていた。2人の泳能力は8歳時ではかなりの差があったが、10歳以降はほぼ同じタイムであった。遺伝的に同じ形質をもっているので、特別な働きかけをしない限り、スポーツのパフォーマンス（タイム）も同じ結果のままになっていることがわかる。

1.https://www.Youtube.com/watch?v=4pBq3FoJNil

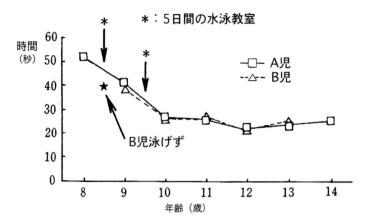

図8-1 一卵性双生児の25mクロール泳タイムの経年的変化（出典：合屋ら、1993）

　図8-2に、二卵性双生児（A児、B児）の25mクロール泳の10歳から18歳までの変化を示した。タテ軸に時間（秒）、ヨコ軸に年齢（歳）を示した。図中★印に示されるように、10歳時ではA児、B児ともに25mを完泳できなかったが、その年と11歳の夏休みに2人とも5日間の水泳教室に参加した結果、双方ともに25mを完泳し、泳タイムも飛躍的に伸びていることがわかる。12歳以降は特別な働きかけ（水泳教室など）はなく、2人の泳タイムはほぼ同じタイム差（遺伝の差と考えられる）がついたまま停滞していた。

　以上のことから、泳ぐ動作は特別な働きかけがなされたときのみにパフォーマンスが向上し、泳ぎのかたちの変容は年齢に伴って必ずしもよくなるとは限らないことが明らかになった。

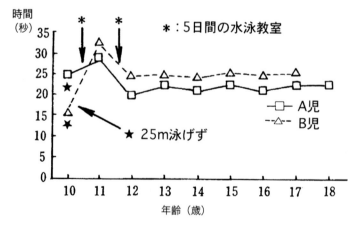

図8-2 二卵性双生児の25mクロール泳タイムの経年的変化（合屋ら、1993）

8-2　時間泳でシェイプアップ

8-2-1　なぜ時間泳？

　一般に、距離泳が多く実施されているが、限られた練習時間や授業の場合、有効に時間を使っ

たり、ある程度の運動量（距離や運動の強さ）を確保したりする観点からこの方法を試みると、技術の向上および体力強化がより効果的になることが期待できる。高橋ら（1983）は、時間泳を能力差の異なる多人数の学生に対して同時に多くの練習量を確保できる内容と評価している。また、平木場ら（1984）は、10分間泳を取り入れた水泳授業が呼吸循環機能にとって適切な負荷強度であると報告している。

　実施にあたって、泳いだ距離を記録するときには2人1組で交代しながら実施すると正確に距離を換算でき、泳ぐ人にとっては自分のペースで集中して泳げる（写真8-1）。また、連続して泳ぎ続けることができない場合には、何回も休憩をとることや、立ってもよいことにすれば気楽に続けて長く練習しながら泳げる。または、休む代わりに水中歩行を時間泳の中に取り入れ、自分自身に合ったペースや無理のない方法を考えてもよい。

写真8-1　時間泳の測定風景（筆者撮影）

時間泳を推奨する理由とねらいは以下のようになる。

1）能力差に関係なく実施可能
　　例えば、水中ウォーキングも混在可：身体に負担なく、とても簡単な水中運動なので、泳ぐことと水中歩行とを同時に組み合わせてもよい。
2）一斉スタート＆一斉ゴール
　　授業（運動）効率が距離泳などに比べて非常によい。
3）体力・技術の向上
　　続けて長く泳げるため、繰り返しの反復練習が技能の向上に貢献できることと、有酸素的運動による全身運動の効果が期待できる。また、泳力がまったくない人に対しては、歩くことや、少しずつ短い距離をマイペースで何回か泳ぐことにチャレンジすることによって、意欲や技能の向上が望める。この場合、泳いだ距離は少なくなるが、続けて運動する（やり切る）ことに意味がある。特に、泳力の低い人にはプールを縦（例えば、25m）に使うのではなく横（例えば、12m）に使うと短い距離とターンで無理なく続けて泳ぐことができる。
4）目標への励み
　　泳ぐ（または水中歩行、走行）距離の明確なゴールセットができる。

5) 自分や他人のデータへの関心・気づき

他人とのデータの比較や泳ぎに対する感想、意見交換などによって励みや目標を具体的に設定できるし、それぞれの情報交換を行うことによって互いにコミュニケーションが図れる利点がある。

注意しなければならないことは、指導やコーチングをする場合、ただ単に「泳がせる」ことではなく、個々人がそれぞれに見合った明確な目標（泳ぐまたは歩くなど）をセットしてから開始する点である。

6) 測定の手順と要領

時間泳を実施する手順と要領を、以下のような流れにしたがって進めるとよい。

(1) 事前に準備運動またはウォームアップ泳を各自済ませておく。または、指導者の指示により技術練習などで身体を慣らしておく。

(2) 2人1組のバディを組む。

(3) 記録用紙を事前に作成し、バインダーと筆記用具を準備する。これは、日付、名前、距離（例えば、往復回数＋a）、心拍数（例えば、拍／分）、RPE指数（本章の後述8-4-3項を参照）、立った回数や歩いた距離などを記録するため、また、気づいたことなどをメモするためである。

(4) 時間経過がわかるように、タイマーを設置する（できれば2台あれば望ましい）。

(5) 指導者が全員一斉に心拍数を測るよう指示する（30秒間×2、触診にて数える）。

(6) 1人が泳ぐ準備をし、他の1人は記録用紙をもってプールサイドに位置する。

(7) 泳者は自分自身の泳ぐコースを確保する。1人おきに、スタートする位置を反対側のプールサイドにする。こうすることで、泳いでいるときやターン前後でぶつかる危険を避けることができる。

(8) 泳者は泳ぎ出す前に本日の目標設定（距離、技術的な課題など）を決めておく。

(9) 笛の合図で泳者全員が一斉にスタートする。

(10) 記録者は時間経過や泳距離などの情報を泳者に提供し、進行の具合を確認する。

(11) 中間の経過時間のコール（声かけ）によって、泳者が自分の泳ぐペースを確認できるようにする。

(12) 終了1分前にコールする。

(13) 笛の合図で一斉に終了。記録者は泳距離の確認、記入の後、泳者にクーリングダウン（呼吸をゆっくり整えながら泳ぐ）を指示する。

(14) 終了後または、一定のクーリングダウンの後、心拍数の測定準備をし、一斉に30秒間の脈拍を触診にて測る。

(15) 終了後、記録用紙にデータを記入、確認して交代する。

(16) しばらく休憩時間をとったのち、後半の測定のルーティン（3）から（14）に移る。

8-3 Scientific Tips 14：時間泳と距離泳、何が違うか？

8-3-1 どのくらいの時間を泳ぐと、どの程度の距離になるか？

　一般大学生男女35名を対象にした90分の授業で、主に技術練習と時間泳とを組み合わせた内容を15回に分けて実施した結果を紹介する（合屋、1986）。

　図8-3に、時間泳による可泳距離を示した。授業全体としては、授業の前半にドリル中心の技術練習で泳いだ距離は約400±50m、所要時間は約50±10分であった。それに対して5分間泳では約200±40m、10分間泳では約300±80m、15分間泳では約450±120mであった。

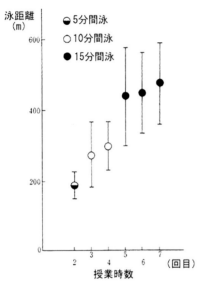

図8-3　時間泳の可泳距離（出典：合屋、1986）

　5分間泳では高校生男女の結果とほぼ同じであり（上野ら、1985）、10分間泳では高橋ら（1983）の男女大学生の結果と同じとなった。このことから、時間泳で泳げる距離は、1つの目安として区切りのよい距離であることがわかる。どのくらいの距離を泳ぐと、どの程度の時間になるかが前もって予測できることになる。したがって、距離泳で泳ぐ場合に、だいたいどのくらいの時間がかかるかがあらかじめわかっていると、練習時間をはっきりと決めやすいことにつながる。

　例えば、今日は1000mの距離を目標にして泳ごうと思ったとき、前半は技術練習しながらゆっくり時間をかけて50分で400m、後半は10分間泳で続けて泳ぎ、脂肪を燃焼させる目的で300mを泳ぐと、ウォームアップとクーリングダウンを300m程度とするとすれば、合計おおよそ1000m以上を約1時間で消化できることになる。目的を明確にして計画的にダイエットできる方法としてトライしてみよう。

8-3-2 時間泳と距離泳の速度比較

　図8-4に距離泳（50mクロール、50m平泳ぎ、1000mクロール）と時間泳（自由形5分間泳、ク

ロール10分間泳、クロール15分間泳）による泳速度を示した。同じ大学生男女39名の1000m距離泳の平均タイムは約38.0 ± 8.0分、平均泳速度は約28.0 ± 7.0m/分であった。5分間泳の泳速度は約40m/分であったが、10分および15分間泳では約30m/分とおおよそ1000mの距離泳の泳速度と同じくらいになっている。

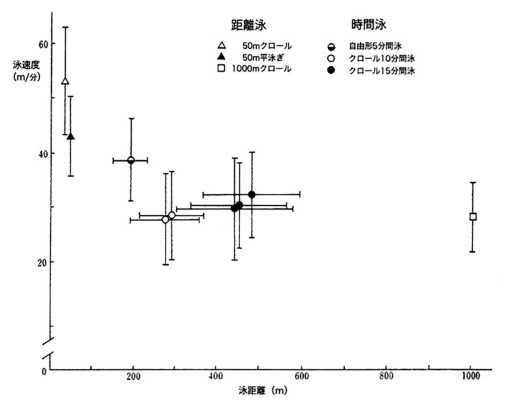

図8-4　1000m泳および5、10、15分間泳の泳速度（出典：合屋、1986）

25mプールの片道を約1分で泳ぐ速さを保って「ゆっくり、続けて、長く」泳ぐ目安にすると、フォーム作りを意識しながら体力の維持・向上を図ることができる。

8-4　Scientific Tips 15：水泳運動はどれほどきついか？

8-4-1　時間泳中の心拍数変化

図8-5に1人の泳者（被験者T.S）の2回目、4回目および7回目の水泳授業全体の心拍数変化を示した。授業の前半は泳法矯正を中心とした技術練習なので、心拍数は100拍/分とそれほど多くなく、楽な運動であることがわかる。それに対して、後半は5分、10分および15分間泳を実施しているが、泳ぐ時間に関係なく約180拍/分近くまで増え、運動としては「かなりきつい」レベルとなっている。

このような運動は、持久力を必要とされる呼吸循環系の機能がよくなることが期待できる。

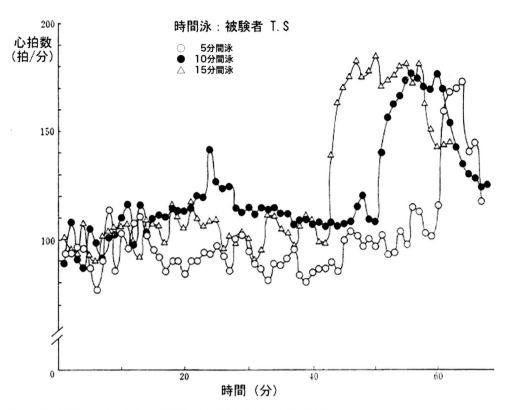

図8-5　技術練習と5、10および15分間泳中の心拍数変化（出典：合屋、1986）

水中での最大心拍数190拍/分を100％と仮定すると、5、10および15分間泳のどれもが、最大心拍数は約90％以上となり、非常に高い運動の質が確保できる。

8-4-2　水泳能力差がある泳者の心拍数変化

　図8-6に15分間泳の可泳距離レベルが異なる泳者3名（被験者J.N、被験者Y.K、被験者T.S）の心拍数変化を示した。1時間の水泳運動の内容は、前半がドリル練習、後半が時間泳となっている。ドリル練習では泳力が高い者は低い者に比べて心拍数は低く、泳力が低い者は心拍数が高くなっていた。同じ練習内容でも上手に泳げる者ほど身体への負担を少なくしてこなしていることがわかる。しかし、15分間泳では泳力に関係なく3人ともほぼ180拍/分まで上昇し、質の高い運動ができることがわかった。

8-4-3　運動の強さを主観で表す方法（RPE）

　主観的運動強度（RPE）とは、自分の感覚でその運動が「きつい」とか「楽である」などを数字で表す方法である。7、9、11、13、15、17および19までの7段階評価で表される。技術練習では主観による運動の強さは約13.0で、「ややきつい」運動に匹敵していた。この数字を10倍すると1分間当たりの心拍数（130拍/分）になる。これが時間泳になると実施時間の増加にあ

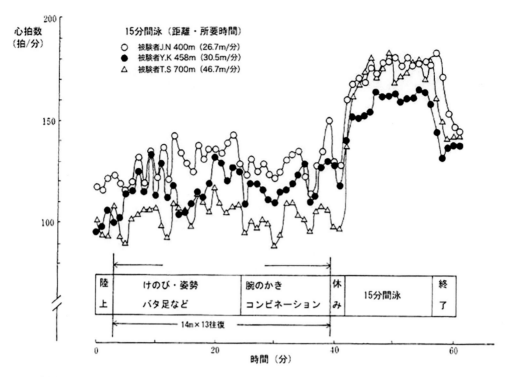

図8-6　泳力差のある被験者の技術練習と15分間泳中の心拍数変化（合屋、1986）

まり関係なく、約60％の泳者が15.0前後の「きつい」運動であると答えていた。すなわち、この指数に10を掛け合わせた数字、150拍/分の運動強度となり、陸上の運動では約160拍/分に相当することになる。

8-4-4　水泳時と陸上時の心拍反応の違い

陸上時との違いは、以下のような要因によって変化する（黒川ら、1984）。おおよそ次のような違いがある。

1) 心拍数は水泳時のほうが低い。
2) 水泳時は陸上時に比べ、10～30拍/分低い（陸上時に換算する場合、加算する目安は10拍）。
3) 水中で心拍数を低くさせる要因の1つは水温である。
4) 第2の要因は体位（うつ伏せ姿勢）の影響である。
5) 第3の要因は、水泳時の呼吸法である（うつ伏せ姿勢＋顔を水中に浸ける＋息こらえ）。

鯨が海中に長く潜っていることができるのは、水中で心拍数をできるだけ少なくして（潜水性徐脈）、エネルギーの消費を抑えることによって長く水中に滞在できると言われている。ヒトも鯨と同じ哺乳動物であることから、このような徐脈現象が起きる。

したがって、運動処方として水中運動を考える場合、同じ強さの運動でも水中では陸上より

も10拍程少なくなる。そのため、運動の強さを少なめに評価されやすいので気をつける必要がある。例えば、水中での心拍数が140拍/分であった場合は、陸上運動の150拍/分の運動の強さに相当する。

8-5　Scientific Tips 16：泳ぐ速さを自分の感覚で調節できるか？

　水泳のトレーニングや練習に限らず、普段泳いでいるとき、私たちは自分の感覚で「どのくらいの強さで」とか「どの程度のスピードで」泳ごうと考えていることがある。例えば、選手レベルになると、80％とか90％の速度で泳ぐことが要求されたりする。この自分の感覚で力や速度の調節などを行うことを主観的努力度と言い、50mの短い距離のインターバルトレーニングで、選手たちは設定されたタイムに計ったように泳いで帰ってくることが経験的に知られている。そこで、小学生から大学生までを対象として、50mクロール泳で「自分の感覚だけでどのくらい出力（泳速度）を調整できるのか？」を努力度20％、40％、60％、80％および100％までの5段階で測定した。

　図8-7にその結果を示した。タテ軸に理論値（100％のタイムから単純にそれぞれの％タイム）を算出、ヨコ軸に主観で泳いだときのタイムを％に変換してプロットした。

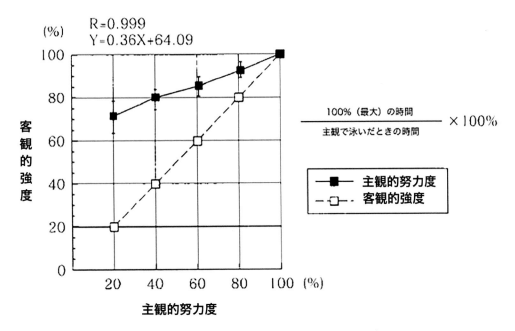

図8-7　主観的努力度と客観的強度の関係（出典：合屋、2000）

　□印は計算上の理論値（主観値と客観値が同じとなる）なので、主観値と客観値がまったく同じになる。それに対して、■印は主観で泳いだとき、客観値が上方にずれてプロットされていることがわかる。例えば、20％の主観で泳いだときに、客観値に相当する値は約70％であり、80％のときは約90％となった。かなりのずれが生じていることになる。特に、主観値の20％、

40％および60％においてその差が大きいことから、この範囲の主観値はさほど有用性がないということになる。

　人が水中を泳ぐ場合、その水抵抗（R）はおおよそ速度（V）の2乗に比例すると言われている（$R = KV^2$、Kは定数）。

　水中での主観的努力度（泳強度）は泳速度の調節に対応する（荻田、2004）ので、$V = K\sqrt{R}$ となる。したがって、主観的努力度は抵抗の平方根として求めることができる。つまり、主観的努力度が20％の場合、平方根は44.7％になる。

　また、客観的強度も泳速度に対応するようにプロットすると、図8-8に示す結果となる。例えば、客観的強度40％を求める場合、図8-8の回帰直線式 $Y = 0.872X + 9.075$ に主観的努力度20％の平方根44.7％を代入すると、客観的強度は48.1％となる。

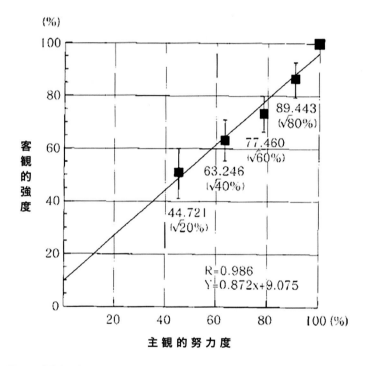

図8-8　泳強度と主観的努力度との対応関係（出典：合屋、2000）

　その結果、限定した区間ではあるが、主観的努力度と客観的強度の関係はほぼ直線上に並び、20％の主観は約44％の客観値に、40％の主観は約63％の客観値に、60％の主観は約77％の客観値に、80％の主観は約89％の客観値になり、かなりの確度で対応することがわかった。実際の現場で応用するには、80％以上の主観的努力度であれば、相当程度の利用が可能である。非常に興味ある結果であり、限られた範囲ではあるが、私たちの水泳スピードに対する感覚的な主観は、コーチングや指導実践の場面に十分に適用させることができる。

■参考・引用文献

合屋十四秋ら「発育発達にともなうスポーツパフォーマンスの変容に関する縦断的研究 =一卵性および二卵性双生児1組ずつの事例=」、『デサントスポーツ科学』Vol.14（1993年）、151～168ページ。

合屋十四秋「水泳授業時の心拍数変動と時間泳による運動処方の検討」、『デサントスポーツ科学』Vol.7（1986年）、203～213ページ。

合屋十四秋「水中運動における動きづくりと時間泳による体育教材の検討」、『愛知教育大学教科教育センター研究報告』Vol.11（1987年）、333～340ページ。

合屋十四秋「泳ぎの動作認識とバイオメカニクス情報とのマッチング」、『バイオメカニクス研究』Vol.4（2000年）、206～213ページ。

合屋十四秋ら「女子水泳選手におけるクロール泳の速度出力調整と動作との関係」、『スポーツ方法学研究』Vol.18（2005年）、75～83ページ。

合屋十四秋ら「男子水泳選手におけるクロール泳の速度出力調整と動作との関係」、『トレーニング科学』Vol.20（2008年）、31～40ページ。

平木場浩二ら「大学正課体育授業の循環機能に及ぼす影響に関する研究 =（1）水泳、ラグビーおよびサイクリング授業中の心拍数と運動強度について=」『大学体育研究』（筑波大学体育センター、Vol.6、1984年）、1～11ページ。

黒川隆志ら「水泳、ランニングおよびペダリングにおける水泳選手の呼吸循環系の反応」、『体力科学』Vol.33, No.3（1984年）、157～170ページ。

宮丸凱史編著『疾走能力の発達』（杏林書院、2001年）、4～30ページ。

バージニア・ハント・ニューマン著、坂田勇夫ら訳『0歳からの水泳』（泰流社、1975年）、57～83ページ。

荻田太ら「競泳パフォーマンスの限界要因に関する検討 =MADシステムを用いた力学的・代謝的解析より=」、『デサントスポーツ科学』Vol.23（2004年）、122～130ページ。

高橋伍郎ら「正課体育受講学生の10分間泳における心拍数変動」、『大学体育研究』（筑波大学体育センター、Vol.5、1983年）、25～35ページ。

著者紹介

合屋 十四秋 (ごうや としあき)

1948年福岡県生まれ。

東京教育大学大学院体育学研究科修了（博士、教育学）。愛知教育大学教授、同名誉教授を経て、現在、日本福祉大学スポーツ科学部教授、日本水泳水中運動学会会長。

専門領域：水泳水中運動、スポーツバイオメカニクス、野外運動。

共著書に、『新学習指導要領による小学校体育の授業〈7〉考え方・進め方』（大修館書店）、『小学校体育の教材・指導事例集』（黎明書房）などがある。

◎本書スタッフ

アートディレクター/装丁： 岡田 章志＋GY

デジタル編集： 栗原 翔

●お断り

掲載したURLは2018年11月27日現在のものです。サイトの都合で変更されることがあります。また、電子版ではURLにハイパーリンクを設定していますが、端末やビューアー、リンク先のファイルタイプによっては表示されないことがあります。あらかじめご了承ください。

●本書の内容についてのお問い合わせ先

株式会社インプレスR&D　メール窓口

np-info@impress.co.jp

件名に『本書名』問い合わせ係」と明記してお送りください。

電話やFAX、郵便でのご質問にはお答えできません。返信までには、しばらくお時間をいただく場合があります。

なお、本書の範囲を超えるご質問にはお答えしかねますので、あらかじめご了承ください。

また、本書の内容についてはNextPublishingオフィシャルWebサイトにて情報を公開しております。

https://nextpublishing.jp/

●落丁・乱丁本はお手数ですが、インプレスカスタマーセンターまでお送りください。送料弊社負担 てお取り替え
させていただきます。但し、古書店で購入されたものについてはお取り替えできません。
■読者の窓口
　インプレスカスタマーセンター
　〒101-0051
　東京都千代田区神田神保町一丁目105番地
　TEL 03-6837-5016／FAX 03-6837-5023
　info@impress.co.jp
■書店／販売店のご注文窓口
　株式会社インプレス受注センター
　TEL 048-449-8040／FAX 048-449-8041

水泳水中運動のカラクリとその指導
科学的エビデンスにもとづくティーチングメソッド

2018年12月21日　初版発行Ver.1.0（PDF版）
2019年2月8日　　Ver.1.1

著　者　合屋 十四秋
編集人　菊地 聡
発行人　井芹 昌信
発　行　株式会社インプレスR&D
　　　　〒101-0051
　　　　東京都千代田区神田神保町一丁目105番地
　　　　https://nextpublishing.jp/
発　売　株式会社インプレス
　　　　〒101-0051　東京都千代田区神田神保町一丁目105番地

●本書は著作権法上の保護を受けています。本書の一部あるいは全部について株式会社インプレスR
&Dから文書による許諾を得ずに、いかなる方法においても無断で複写、複製することは禁じられてい
ます。

©2018 Toshiaki Goya. All rights reserved.
印刷・製本　京葉流通倉庫株式会社
Printed in Japan

ISBN978-4-8443-9889-9

NextPublishing®
●本書はNextPublishingメソッドによって発行されています。
NextPublishingメソッドは株式会社インプレスR&Dが開発した、電子書籍と印刷書籍を同時発行できる
デジタルファースト型の新出版方式です。https://nextpublishing.jp/